Caminhos de
evangelização

Dados Internacionais de Catalogação na Publicação (CIP)
(Câmara Brasileira do Livro, SP, Brasil)

Pagola, José Antonio
  Caminhos de evangelização / José Antonio Pagola ; tradução Salmer Borges. – Petrópolis, RJ : Vozes, 2020.
  Título original: Caminos de evangelización
  Bibliografia
  ISBN 978-85-326-6405-1
  1. Comunidades cristãs 2. Deus 3. Evangelização 4. Francisco, Papa, 1936- 5. Pastoral – Cristianismo I. Título.

19-32073   CDD-262

Índices para catálogo sistemático:
  1. Evangelização : Teologia : Cristianismo 262

Maria Alice Ferreira – Bibliotecária – CRB-8/7964

José Antonio Pagola

Caminhos de **evangelização**

Tradução de
Salmer Borges

Petrópolis

© 2017, José Antonio Pagola
© 2017, PPC, Editorial y Distribuidora, S.A.

Título do original em espanhol: *Caminos de evangelización*

Direitos de publicação em língua portuguesa – Brasil.
2020, Editora Vozes Ltda.
Rua Frei Luís, 100
25689-900 Petrópolis, RJ
www.vozes.com.br
Brasil

Todos os direitos reservados. Nenhuma parte desta obra poderá ser reproduzida ou transmitida por qualquer forma e/ou quaisquer meios (eletrônico ou mecânico, incluindo fotocópia e gravação) ou arquivada em qualquer sistema ou banco de dados sem permissão escrita da editora.

CONSELHO EDITORIAL

Diretor
Gilberto Gonçalves Garcia

Editores
Aline dos Santos Carneiro
Edrian Josué Pasini
Marilac Loraine Oleniki
Welder Lancieri Marchini

Conselheiros
Francisco Morás
Ludovico Garmus
Teobaldo Heidemann
Volney J. Berkenbrock

Secretário executivo
João Batista Kreuch

Editoração: Fernando Sergio Olivetti da Rocha
Diagramação: Sheilandre Desenv. Gráfico
Revisão gráfica: Jaqueline Moreira
Capa: Érico Lebedenco
Ilustração: Sergio Ricciuto Conte

ISBN 978-85-326-6405-1 (Brasil)
ISBN 978-84-288-3137-6 (Espanha)

Editado conforme o novo acordo ortográfico.

Este livro foi composto e impresso pela Editora Vozes Ltda.

Sumário

Apresentação, 7

Primeira parte – Atitudes para evangelizar hoje, 13

1 Sugerir a pergunta a respeito de Deus, 15

2 Encorajados pelo espírito evangelizador de Jesus, 28

3 Agir com base na misericórdia de Deus, 47

4 Despertar a esperança em nosso coração, 70

5 A oração evangelizadora, 90

Segunda parte – Ir às periferias existenciais, 99

6 Acolher e ouvir os afastados, 101

7 O compromisso cristão com os pobres, 120

8 Introduzir o Evangelho na prisão, 142

9 Levar a Boa-nova aos enfermos psíquicos, 170

10 Por uma sociedade livre de homofobia: um desafio para os cristãos, 189

Índice, 207

Apresentação

Este trabalho faz parte de um projeto para dinamizar as paróquias e as comunidades cristãs, respondendo ao chamado do Papa Francisco, que nos convida a promover uma nova etapa de evangelização. Estas são suas palavras: "Quero me dirigir aos fiéis cristãos para convidá-los a uma nova etapa de evangelização, marcada pela alegria de Jesus, e para indicar os caminhos que a Igreja deve seguir nos próximos anos"[1]. O objetivo específico deste projeto é ajudar as paróquias e as comunidades cristãs a promover, de maneira humilde, mas responsável, um processo de renovação.

Como parte de uma série de 4 volumes, nos quais tratei respectivamente de *Recuperar o projeto de Jesus*, *Anunciar Deus hoje como Boa notícia* e *Cristo ressuscitado é a nossa esperança*, apresento este livro, intitulado *Caminhos de evangelização*. Este trabalho contém duas partes. Na primeira, exponho cinco atitudes ou linhas de ação que considero importantes para evangelizar nos tempos atuais. Na segunda, esforço-me para ouvir o chamado do Papa Francisco para "irmos às periferias existenciais", indicando cinco áreas específicas de ação evangelizadora.

---

1. PAPA FRANCISCO. *La alegría del Evangelio* 1 [doravante, EG, pelas suas primeiras palavras em latim: *Evangelii Gaudium*].

Primeira parte – Atitudes para evangelizar hoje

Os homens e as mulheres de hoje, assim como os de todos os tempos, procuram viver da melhor maneira possível, em meio a conflitos e contradições, acertos e erros, lutas e trabalhos. Seu primeiro problema não é religião, e sim a vida: conseguir viver de maneira digna. Nesse primeiro capítulo, intitulado "Sugerir a pergunta a respeito de Deus", quero apenas ajudar os evangelizadores para que, nestes tempos de niilismo e ausência de Deus, não esqueçam que, no horizonte do seu ato evangelizador, deve estar presente uma tarefa humilde, mas urgente: introduzir a pergunta a respeito de Deus. Não vivemos tempos de impor certezas, e sim de acompanhar as pessoas a se questionarem sobre o sentido da existência. Não são poucos os que, sem saber, estão à procura de Deus: precisam encontrar um novo sentido para a sua vida, uma fonte para agir de maneira responsável e uma última esperança para enfrentar o mistério da vida e da morte.

Também estou convencido de que, nestes tempos, devemos nos sentir chamados a evangelizar, encorajados pelo Espírito de Jesus e motivados por sua paixão por abrir caminhos para o projeto humanizador do Reino de Deus. No centro do segundo capítulo, intitulado "Encorajados pelo espírito evangelizador de Jesus", falo da necessidade de promover uma mudança decisiva em nossa atitude evangelizadora. Quase sempre, pensamos que o mais importante para evangelizar é contar com pessoas valiosas e preparadas, meios eficazes, estruturas fortes e, naturalmente, um número significativo de pessoas comprometidas. Sem negar a importância de toda essa estratégia humana, devemos pensar que, no futuro, será cada vez mais importante contar com testemunhas de Jesus, lançar mão dos meios utilizados por Ele, ter estruturas simples que estimulem o testemunho e saber que, mais importante que o número, será a qualidade humana e evangelizadora dos cristãos.

O terceiro capítulo, intitulado "Agir com base na misericórdia de Deus", que considero fundamental para a ação evangelizadora nos dias de hoje, e Francisco nos lembra com estas palavras: "A Igreja tem a missão de anunciar a misericórdia de Deus, coração pulsante do Evangelho". Neste capítulo, trato de quatro questões fundamentais, extraindo suas consequências para nossa ação evangelizadora: Jesus vive Deus como um mistério inexplicável de misericórdia; sua ação profética, voltada para os mais necessitados de compaixão, é a encarnação viva da misericórdia do Pai; sua herança para toda a humanidade: "sejam misericordiosos como seu Pai é misericordioso" é muito mais que um mandato, pois nos chama a reproduzir e atualizar na Terra a misericórdia do Pai do Céu; sua Parábola do Bom Samaritano permite que nos aprofundemos de maneira prática na dinâmica da misericórdia: olhar compassivo, aproximarmo-nos daquele que sofre, compromisso com os gestos.

O quarto capítulo é intitulado "Despertar a esperança em nosso coração". Meu objetivo não é falar da "esperança cristã". Quero ajudar os evangelizadores ao sugerir caminhos para que possam acolher, ouvir e acompanhar pessoas que vivem tomadas pela tristeza, pela angústia, pelo medo, pela solidão... sem forças para manter esperanças em algo ou em alguém. Não podemos desistir de anunciar a "esperança na vida eterna", ignorando aqueles que estão perdendo até mesmo a esperança nesta vida. Abordo temas que muitas vezes estão bastante esquecidos entre nós: Como se perde a esperança? Como é possível recuperá-la? Como agir diante de problemas que não têm solução? Atitudes para gerar esperança.

Termino esta primeira parte do livro com um capítulo dedicado à "Oração evangelizadora". Estou convencido de que a oração é uma experiência-chave para despertar, encorajar e enriquecer nossa ação evangelizadora. Ao longo deste quinto capítulo, insisto, de maneira breve, em diversos aspectos da nossa oração: a importância da experiência interior de um Deus bom para poder difundir sua boa-nova; a meditação do amor de Deus a todo ser humano para aprender a amar os homens e as mulheres de hoje tal como são, ouvir o chamado de Jesus para que nos preocupemos com os mais pobres e indefesos, as horas de silêncio diante de Deus para alimentar nosso impulso por evangelizar, aceitando a cruz de cada dia ou para comunicar esperança.

Segunda parte – Ir às periferias existenciais

Começo esta segunda parte com o sexto capítulo, intitulado "Acolher e ouvir os afastados". Pouco fizemos diante de um fato tão doloroso e interpelador: a cada dia, mais pessoas se afastam da Igreja e abandonam a fé. Embora algumas paróquias tentem colocar algumas iniciativas em prática, ainda há muitas perguntas sem resposta. Neste capítulo, tento esclarecer caminhos e sugerir possíveis respostas: Quem são os que se afastaram? Por que se afastaram? Do que se afastam? Por que alguns voltam? O que procuram? Em outras palavras: como definir uma resposta cristã e evangelizadora concreta, capaz de ouvir suas queixas, receber suas preocupações e acompanhá-los na sua busca?

O sétimo capítulo, intitulado "O compromisso cristão com os pobres", eu o escrevi com o intuito de incentivar e reafirmar o compromisso de tantas pessoas simples de nossas paróquias e comunidades que trabalham com a Caritas na acolhida de refugiados ou imigrantes, no atendimento de famílias desestruturadas, no cuidado de idosos desamparados e em tantas iniciativas e projetos com o objetivo de lutar por uma vida mais digna para os marginalizados. Depois de uma breve reflexão sobre os pobres na sociedade de hoje, relembro algumas convicções cristãs básicas para aqueles que estão comprometidos com os pobres. Em seguida, relembro três características da atuação de Jesus com os pobres e desamparados. Depois, apresento algumas atitudes básicas que devemos manter nas paróquias e nas comunidades cristãs com relação à pobreza e à marginalização. E concluo com uma reflexão que nos ajudará a definir o significado e o conteúdo do compromisso nos moldes de um voluntariado social.

O objetivo do oitavo capítulo, intitulado "Introduzir o Evangelho na prisão", é dar algumas dicas para entender e desenvolver a ação evangelizadora no ambiente prisional como um serviço de reconciliação. Depois de oferecer uma visão simples que nos permita conhecer um pouco mais sobre a realidade da prisão e o perfil dos internos, exponho brevemente a concepção cristã de reconciliação e a importância de oferecer o perdão de Deus por meio de Jesus. Com base nisso, sugiro desenvolver a Pastoral Carcerária como uma ação de acolhida que convide o preso a se reconciliar com Deus, uma pastoral de acompanhamento que o ajude a se reconciliar consigo mesmo, uma pastoral de conscientização social. Concluo expondo os principais objetivos da ação evangelizadora a serviço dos presos: sensibilização da sociedade, ajuda ao preso e defesa de seus direitos, atenção à família do preso, assistência após a soltura.

"Levar a Boa-nova aos enfermos psíquicos" é o título do nono capítulo. Começo propondo a atitude de Jesus com os "possuídos por maus espíritos" do seu tempo como um modelo que possa inspirar nossa ação evangelizadora no ambiente dos pacientes psiquiátricos nos dias de hoje. Com base nisso, sugiro algumas linhas de ação básicas: abordagem curativa e realista do doente psiquiátrico, tratamento marcado pela "bênção de Deus", defesa da pessoa e dos direitos dos doentes mentais, colaboração na sua integração social, atenção religiosa individualizada, apoio às famílias dos doentes.

Termino com um capítulo intitulado "Por uma sociedade livre de homofobia: um desafio para os cristãos". Começo fazendo alguns esclarecimentos sobre a condição do homossexual. Depois, exponho o princípio-misericórdia, que motivou e inspirou todo o ato profético de Jesus. Em seguida, tento mostrar como o princípio-misericórdia pode nos ajudar a avançar em direção a uma sociedade livre de homofobia: promovendo os ensinamentos da Igreja sobre a homossexualidade, inculcando um olhar mais humano e justo da experiência homossexual nos seguidores de Jesus, promovendo uma acolhida evangélica inspirada em Jesus nas paróquias e comunidades cristãs.

Primeira parte

Atitudes para evangelizar hoje

1
Sugerir a pergunta a respeito de Deus

Neste primeiro capítulo, não pretendo descrever a crise religiosa pela qual nós, fiéis, estamos passando, em meio a uma sociedade maciçamente secularizada, em que muitos especialistas acham que entramos em uma "era pós-cristã"[2]. Quero apenas ajudar os evangelizadores para que, nestes tempos de niilismo e ausência de Deus, não esqueçamos que, no horizonte do nosso ato evangelizador, deve estar presente uma tarefa humilde, mas urgente: fazer a perguntar por Deus. Não vivemos tempos de propor certezas dogmáticas, e sim de acompanhar os homens e as mulheres de hoje a se questionarem com sinceridade sobre o sentido de nossas vidas.

1 O homem em busca de sentido

Assim como em todos os tempos, os homens e as mulheres de hoje procuram viver com retidão em meio a conflitos e contradições, acertos e erros, lutas e trabalhos. Seu primeiro problema não é a religião, e sim a vida; isto é, conseguir viver de maneira digna como ser humano. E, para isso, precisa atender a pelo menos três aspectos

---

[2]. Cf. minha obra *Anunciar hoy a Dios como buena noticia*. Madri: PPC, 2016, principalmente p. 11-35 e 79-90.

da existência. Em primeiro lugar, a pessoa precisa dar um sentido à sua existência; além disso, precisa agir com responsabilidade e, finalmente, o ser humano não consegue caminhar com dignidade pela vida se não for sustentado pela esperança. De mil formas e maneiras, a vida nos confronta com o problema do sentido, da ética e da esperança.

a) Um ser cheio de contradições

A ciência moderna se baseia fundamentalmente na experimentação e na verificação. Seu sucesso extraordinário se deve ao fato de que mais e mais dados são observados e analisados, novos experimentos são realizados e, dessa forma, é possível formular novas teorias. Por sua vez, a tecnologia não é apenas a aplicação prática desta ciência, mas também se tornou seu melhor estímulo, já que abre novos horizontes, dá origem a novos problemas e força o desenvolvimento de novas descobertas científicas.

Todas essas conquistas eram inesperadas há apenas alguns anos. As sociedades tecnológicas alcançaram o padrão de vida mais alto e bem-estar de toda a história. Hoje, o ser humano tem capacidade técnico-científica para resolver problemas, tais como acabar com a fome ou curar doenças que antes eram incuráveis, e avança no controle genético da espécie humana e no domínio progressivo da natureza. Pode-se afirmar que a ciência e a tecnologia modernas instauraram uma "nova era na história". Não é de se estranhar que a ciência dos nossos dias tenha procurado se estender para outras áreas socioculturais e antropológicas que até agora pareciam reservadas à filosofia e à religião. De forma precipitada, e até mesmo ingênua, chegou-se a pensar que a ciência poderia responder a todos os questionamentos do ser humano e que a tecnologia poderia satisfazer aos anseios do coração humano. Mas isso não é verdade.

A ciência se encarrega de desvendar como o mundo é constituído, como as coisas funcionam. A tecnologia, por sua vez, encarrega-se de descobrir como usar o poder científico do ser humano de forma pragmática. Mas isso não esgota o mistério da existência humana. O homem de hoje, assim como o de todos os tempos, continua sendo um enigma difícil de decifrar. A pergunta elementar poderia ser esta: quem é esse ser cheio de contradições? Sempre à procura de segurança, e sempre desamparado. Chamado à luz, e cercado por incertezas. Nascido para viver, e fadado à morte. Procurando um remédio para tudo, e incapaz de encontrar um remédio para si mesmo. Capaz das maiores grandezas, e também das maiores misérias. Ansiando pela verdade, e constantemente enganando a si mesmo. Buscando ardentemente pela liberdade, e com medo de aproveitá-la. Capaz de dominar o mundo, e incapaz de ser dono de si próprio.

b) A necessidade de sentido

O homem de hoje, assim como o de todos os tempos, não consegue responder de forma definitiva a uma pergunta que envolve sua existência em toda sua profundidade e, invariavelmente, mantém-se em silêncio, mas com um questionamento inevitável: Qual é o sentido de tudo? Qual é o sentido da existência? Quase espontaneamente surgem em nós questionamentos para os quais não há respostas fáceis: O que somos? De onde viemos? O que procuramos? Não são perguntas forçadas. São os questionamentos supremos que nascem dentro de nós como um manancial.

São questionamentos que a ciência e a tecnologia não conseguem responder. Não é uma questão de acumular dados e somar informação. O conhecimento científico estuda apenas o funcionamento das coisas e dos seres, mas não pode dar uma resposta ao sentido da existência. O ser humano procura, no entanto, o sentido, o porquê e o para quê da nossa existência. Inclusive, precisa se perguntar sobre o sentido e o valor desse desenvolvimento científico para dar sentido ao problema da existência. Busca uma resposta para essa pergunta que dá origem a todas as outras: quem sou eu? Quem é o ser humano?

Somente uma resposta convincente a esses questionamentos pode nos permitir viver de maneira digna. Precisamos saber quem somos e de onde viemos, por que existimos e para onde vamos, até mesmo para nos questionarmos de forma adequada sobre o poder da ciência e da tecnologia na dinâmica da história humana. Até agora, as religiões têm sido as "grandes entregadoras de significado". Hoje a religião está em crise. Entretanto, não é plausível que o ser humano se acostume a viver sua existência sem encontrar-lhe um sentido.

É verdade que, com base em certa filosofia pós-moderna, estamos sendo convidados a aprender a viver como quem caminha sem saber para onde vai. Há vários anos, Javier Sádaba tem defendido entre nós que não faz sentido nos questionarmos sobre o sentido da vida ou afirmar que a religião é uma atitude anacrônica e obsoleta. No entanto, o questionamento persiste: qual é o sentido final de tudo? Como nos posicionarmos diante do mistério final que sustenta e dá sentido a toda essa realidade cada vez mais conhecida cientificamente no que diz respeito ao seu funcionamento? Podemos evitar as questões mais fundamentais da existência, mas pretender viver sem sentido não é, em última análise, viver uma existência "insensata"?

2 O homem em busca de um projeto

Qualquer que seja a resposta dada ao sentido final da existência, há algo que parece se impor de maneira clara: o ser humano não se realiza senão fazendo o bem. As diferentes maneiras de entender a existência podem nos levar a pensar de forma diferente sobre o que é certo ou errado, o que devemos fazer ou evitar, mas o chamado que a consciência humana experimenta para fazer o bem parece ser uma constante inerente ao ser humano. O projeto humano está indissociavelmente ligado à urgência que as pessoas sentem por fazer o bem.

a) A necessidade de um projeto

A ciência moderna parte do método matemático do conhecimento e se baseia em uma racionalidade dedutiva, lógica, objetiva e exata. Por isso, apresenta-se com certas pretensões de objetividade, neutralidade e imparcialidade que vão além das opções subjetivas que estão no cerne de toda religião ou filosofia.

No entanto, nas últimas décadas do século XX, a racionalidade objetiva do trabalho científico-tecnológico tem sido questionada. E não porque a natureza objetiva do método científico seja questionada, e sim porque tomou-se consciência de que a própria pesquisa científica faz parte de um projeto político anterior e é condicionada e determinada por interesses econômicos, sociais e culturais. De fato, os grupos de pesquisa são organizados e financiados de acordo com interesses específicos que são determinantes para o curso da pesquisa.

Já não é possível afirmar, de forma inocente, a objetividade e a imparcialidade da ciência tecnológica. Há algo anterior que determina tudo: os objetivos pretendidos, as decisões que orientam a pesquisa, as implicações e as consequências do desenvolvimento científico e tecnológico. O potencial científico pode ser desenvolvido para fortalecer a indústria militar ou para acabar com a fome no mundo.

Porém, mais uma vez, surge o problema da ética, da legitimidade, ou não, de certas experiências. O progresso científico-tecnológico não contribui, por si mesmo, para maior humanidade. O homem precisa agir no horizonte de um projeto capaz de conduzi-lo em direção ao seu próprio bem, à sua realização, a níveis de existência sempre mais dignos do ser humano.

Esse projeto é anterior à ciência. Suas metas e seus objetivos transcendem a racionalidade científica. A configuração de um projeto humano é de caráter ético. Nem a ciência nem a tecnologia podem apontar os fins e o objetivo a serem alcançados no desenvolvimento digno da humanidade. Sua natureza é de caráter funcional e instrumental, pois se encarrega apenas dos meios mais ou menos aptos a melhorar o desenvolvimento e o funcionamento das coisas.

b) O sistema de valores

Não é suficiente ter um projeto humano de caráter teórico. O ser humano vem alcançando níveis mais altos de humanidade de forma progressiva e por meio de uma série de decisões que deve tomar constantemente. A mesma ciência tecnológica coloca o homem diante de múltiplas possibilidades, que deve escolher para se comprometer em uma ou outra direção. No entanto, só é possível escolher em função de determinados valores.

Portanto, surgem questões decisivas na consciência humana. Quais são esses valores autênticos que devemos perseguir se quisermos avançar em direção à libertação real e à realização plena do ser humano? O que pode tornar o homem mais digno de tal nome? As ciências podem nos ensinar muito sobre os meios que podemos usar ou os modos de agir em uma ou outra área, mas não nos dizem nada sobre os valores que devemos promover.

A ciência não tem consciência; portanto, não pode indicar o caminho que devemos seguir. No entanto, o ser humano precisa de valores que guiem seu comportamento; precisa de atitudes para enfrentar os acontecimentos da existência; precisa medir o significado e as consequências das construções humanas; precisa avaliar, julgar e corrigir sua trajetória. Seria um erro deixar a cultura tecnológica vazia de valores, ideais e impulsos de tal forma que canalizassem o comportamento humano e oferecessem modelos de identidade sempre mais dignos.

Vou me referir a apenas dois fatos significativos. O esquecimento de Deus e da ética cristã está encobrindo o triunfo de uma ideologia global que está se tornando cada vez mais determinante.

Estamos testemunhando o triunfo da ideologia neoliberal. A globalização pela qual o planeta passa atualmente se identifica cada vez mais com o modelo liberal e consumista. O sistema de mercado dominante parece ser a única estrutura razoável e viável, o primeiro e quase único objetivo parece ser o desenvolvimento efetivo da sociedade de consumo. Mas onde encontrar uma fonte vigorosa da qual extrair os valores e o estímulo ético necessários para defender o ser humano das injustiças e dos abusos inerentes a esse sistema?

Um segundo fato. O esgotamento progressivo do modelo atual de democracia parlamentar é cada vez mais evidente, mais virtual do que real, no qual, com frequência, quase tudo se resume a votar para escolher o corpo de "políticos" que tomarão as decisões. Cada vez há mais vozes que clamam por um protagonismo mais forte e efetivo da sociedade civil para que tenhamos um Estado mais representativo e mais subordinado a ela. Uma pergunta parece inevitável: quem dotará essa sociedade de valores, ideais e padrões éticos? Onde é possível forjar a moral das novas gerações?

É difícil negar a necessidade de um sistema de valores que seja consistente com o verdadeiro ser e o destino do ser humano. Esquecer a dimensão ética traria o risco de esvaziar nossa liberdade de sua verdadeira dignidade. Por outro lado, não podemos nos fechar em um círculo de valores completamente subjetivos e imprecisos. Também não parece ser suficiente uma "moral de consenso", obtida por meio de acordos específicos frequentemente guiados por determinados interesses. Parece ser necessário contar com um patrimônio estável e fundamentado em valores morais dignos do ser humano. E isso é possível sem se fazer referência a nenhum valor específico e absoluto? É possível uma moral digna do ser humano sem Deus?

3 O homem em busca de esperança

O ser humano não só se questiona sobre o significado de sua existência, não só se questiona sobre a responsabilidade de basear seu comportamento no bem. Ele também é um ser com desejos, carências e expectativas; um ser com medos, projetos e esperanças. Há questionamentos essenciais que devem ser feitos, que devem transcender o âmbito científico e até mesmo a estrita racionalidade. Em suma, a pergunta suprema do ser humano, a pergunta sobre o seu futuro: afinal, o que vai acontecer com cada um de nós? O que nos espera? Podemos confiar em algo ou em alguém?

a) A força do mal

A libertação do homem está sempre ameaçada. Nenhum movimento renovador e transformador pode garantir que não se degradará ou cairá em novos doutrinarismos, totalitarismos e abusos contrários à dignidade humana. É sempre possível legitimar novas injustiças.

Por outro lado, apesar de todos os cálculos e previsões, os processos colocados em prática pelo ser humano podem se voltar contra ele mesmo e destruir até mesmo o que havia construído.

Na verdade, o homem contemporâneo começa a se questionar se não estará colocando em risco seu próprio lugar no cosmos e, com isso, o futuro da espécie humana e da vida no Planeta Terra.

Por outro lado, seria uma ingenuidade acreditar que as estruturas políticas e socioeconômicas que temos atualmente, bem como as que podem ser estabelecidas no futuro, serão capazes de nos proteger automaticamente do egoísmo, da vontade de poder ou da exploração dos mais fracos. As estruturas podem promover uma convivência mais justa, mas, até mesmo na melhor estrutura, o homem pode ser injusto e fazer o mal. Cada indivíduo, cada grupo humano pode ser uma fonte inesgotável de injustiças, conflitos, divisões e destruição. O que fazer diante do mistério do mal?

O que fazer com a culpa? Como nos libertarmos do mal? Hoje, estamos muito distantes das teses que profetizaram a cura psicológica do indivíduo por meio da psicanálise promovida por Sigmund Freud ou que pressagiavam a libertação da sociedade por meio do desenvolvimento do comunismo pregado por Karl Marx. Mas o ser humano não se conforma. Continua lutando contra o mal e buscando sua libertação. Mas tanto esforço surtirá efeito? Em suma, não seria um esforço muito nobre, mas talvez inútil?

Existe alguma garantia de sucesso para essa confiança obstinada do coração humano em sua luta contra o mal?

b) A derrota da morte

Há muitos males que ameaçam o ser humano: doenças, solidão, acidentes, velhice, depressão... Mas a última ameaça que atinge a todos nós, inexoravelmente, é a morte, que é inerente à nossa própria existência. Podemos ignorá-la, não falar dela, mas a morte está aí, como a mais drástica "antiutopia" de todas as nossas aspirações, desafio final para todas as nossas conquistas, realidade trágica que destrói nossos projetos pela raiz.

Nunca foi fácil morrer. Diante da morte, o ser humano experimenta, quase inevitavelmente, uma série de sentimentos dominados pela perplexidade, pela impotência, pela revolta ou pelo medo.

O homem atual não sabe enfrentar a morte. Não é mais capaz de morrer de forma religiosa, como em outros tempos, com a confiança depositada em Deus, mas, por outro lado, ainda não descobriu uma forma nova e mais humana de morrer. Talvez seja diante da morte que a verdade e os limites da cultura atual apareçam de forma mais clara, já que não se sabe o que fazer com ela, a não ser escondê-la e retardar ao máximo sua chegada inevitável.

Mas a morte chega e, com ela, surgem novos questionamentos. Se a única coisa que aguarda cada um de nós, portanto, todos nós, é a morte, que sentido podem ter todos os nossos esforços, lutas e sofrimentos? Que final espera a dolorosa, mas emocionante, história da humanidade? Apesar de tudo, podemos afirmar que, à medida que alcançarmos níveis cada vez mais altos de justiça e liberdade, a vida será mais nobre e mais digna. Mas o que dizer da quantidade incontável de pessoas que morreram sem terem conseguido nenhuma justiça? Vidas perdidas e sacrificadas de seres humanos como nós, pessoas às quais ninguém devolverá a vida que lhes foi tirada. Que esperança pode haver para eles? E que esperança pode haver para nós mesmos que, em breve, faremos parte do grupo daqueles que não viram realizados seus desejos e suas aspirações de uma vida plena? Podemos ouvir o convite do Professor Tierno Galván e aprender a viver sem esperança, "conformados com a finitude". Não é fácil. Portanto, qual é o sentido de uma história humana que preconiza liberdade, mas que desaparece imediatamente no nada? Por que deveríamos construir, com tanto esforço e tanto sofrimento, uma sociedade mais solidária, porém sempre de caráter provisório e que leva dentro de si essa morte que, em breve, separará todos nós de forma inexorável e definitiva?

O homem continua lutando com todas as suas forças contra o mal, o sofrimento e a morte. Por quê? O que espera no âmago do seu ser? Existe alguma coisa que permita que não percamos as esperanças, uma plenitude final que satisfaça aos nossos anseios, nos dê coragem para viver e esperança para morrer?

4 Introduzir a pergunta a respeito de Deus
a) Luz em nossas contradições

O homem não é apenas um problema que deve ser decifrado cientificamente. É um mistério para o qual não sabemos como encontrar uma resposta fácil. Uma contradição para a qual não somos capazes de encontrar respostas na esfera científica. Será que não precisamos de outra luz que nos revele o que existe de verdade em nossos anseios, o que há de vitória em nossas derrotas, o que há de razão em nossos absurdos? Será que nós, seres humanos, não precisamos de uma Luz que nos ilumine para que possamos descobrir nossa dignidade inalienável e também nossos limites?

Certamente, no futuro, também será possível prescindir de Deus, mas será que assim o ser humano não vai se transformar em uma pergunta sem resposta? Uma vez que expulsemos Deus da nossa existência, tranquemo-nos em um mundo criado por nós mesmos e que reflita apenas nossas próprias contradições, quem poderá nos dizer quem somos e o que buscamos?

b) Orientação para nossos esforços

O homem é tarefa. Um ser que se torna mais humano com o passar dos séculos. No entanto, a experiência nos diz repetidas vezes que não estamos conseguindo orientar a história de tal forma que nos torne mais humanos. Será que não precisamos de uma orientação que nos indique o verdadeiro caminho que devemos seguir, ainda mais nesses tempos em que a humanidade, dotada de grande poder tecnológico, deve tomar decisões cada vez mais complexas e, ao mesmo tempo, mais cruciais para o seu futuro?

Também, no futuro, pode ser que ignoremos a Deus e, em todo momento, recorramos às normas de comportamento que pareçam mais apropriadas, mas será que não ficaremos cada vez mais indefesos eticamente? Quem poderá legitimar um conjunto de valores intangíveis ou invioláveis para garantir a dignidade de cada pessoa?

Para o homem contemporâneo é tentador atribuir a si mesmo o protagonismo total e exclusivo de construir sua história. Mas será que não está se atribuindo um valor excessivo? Será que não vai além das suas possibilidades? Será que, apenas com suas forças, o homem pode alcançar a liberdade que busca, ou, para isso, deveria se abrir para uma Liberdade mais plena e aceitar isso como um dom?

c) Esperança para nossos fracassos

O ser humano clama por um destino absoluto, mas, devido à sua finitude, não pode alcançá-lo.

Do fundo do nosso ser, almejamos uma plenitude total, mas a única coisa que fazemos é sabotar e destruir nossa própria existência. Não somos capazes de nos dar a plenitude que buscamos.

Mas a humanidade não está clamando por uma plenitude infinita? Devemos aceitar uma existência que vai do nada para o nada como algo humano e normal? Será que a nossa existência não consiste em ir de Deus para Deus?

Também, no futuro, Deus poderá ser apagado da consciência humana, mas o ser humano não ficará reduzido a um projeto impossível, um esboço inacabado que se desvanece com a morte? No final de todos os caminhos, no fundo de todos os nossos anseios, no âmago dos nossos questionamentos mais profundos, não devemos reconhecer o Mistério final da realidade que os devotos, não todos, chamam de "Deus" como uma possível Fonte de salvação? Um Deus de que muitos duvidam e têm abandonado. Um Deus pelo qual muitos continuam perguntando. Um Deus que tantos devotos continuam invocando. O Deus revelado em Jesus Cristo.

2
Encorajados pelo espírito evangelizador de Jesus

Neste capítulo, proponho algumas reflexões e sugestões para reavivar o espírito evangelizador de Jesus em nós. Vivemos tempos em que precisamos aprender a evangelizar como testemunhas de Jesus Cristo, encorajados por seu espírito e sua paixão pelo projeto do Reino de Deus. Começarei lembrando que Jesus Cristo é o ponto de partida da nossa ação evangelizadora. Depois, veremos que isso nos obriga a promover uma mudança decisiva na nossa atitude evangelizadora. Em seguida, explicarei que só é possível evangelizar como Jesus se espalharmos a Boa-nova de Deus. E terminarei insistindo em que só é possível evangelizar com base em Jesus se colaborarmos com Ele na abertura de caminhos para o Reino de Deus.

1 Jesus Cristo, ponto de partida da nossa ação evangelizadora

Em primeiro lugar, devemos lembrar qual foi a experiência que colocou em prática esta evangelização que hoje, vinte séculos depois, queremos promover e atualizar.

a) A experiência original

O ponto de partida que desencadeou a evangelização foi o encontro surpreendente e transformador que homens e mulheres viveram com Jesus Cristo. Tudo começou quando um grupo de discípulos – homens e mulheres – entrou em contato com Jesus e sentiu algo que pode ser resumido da seguinte maneira: "a proximidade salvadora de Deus". Sem esse encontro, tudo teria continuado como era antes. Foi a experiência desse contato pessoal com Jesus que transformou a vida desses discípulos, dando uma nova direção e um novo sentido à sua existência.

Em poucas palavras, podemos dizer que, em contato com Jesus, eles sentem e experimentam Deus como um Pai, amigo da vida e do ser humano, descobrem que o projeto desse Deus é construir uma vida mais humana, mais digna e mais feliz para todos e, contagiados por sua entrega apaixonada a serviço de Deus e a seu projeto, eles respondem ao chamado de Jesus, entusiasmados por poder colaborar com Ele nesta tarefa de introduzir essa nova experiência de Deus e torná-la presente na história dos homens.

Nós, os cristãos de hoje, não devemos esquecer que evangelizar não é, em primeiro lugar, nem fundamentalmente, transmitir uma doutrina, reivindicar uma moral ou exigir uma prática ritual. É muito mais do que isso. É atualizar a primeira experiência iniciada por Jesus, seguir seus passos e colaborar com Ele nesta dupla tarefa: comunicar, disseminar, inserir no mundo de hoje a Boa-nova de um Deus amigo do ser humano e promover o projeto desse Deus abrindo caminhos para uma sociedade mais humana, mais justa, mais saudável e mais digna do ser humano[3].

---

3. Isso não significa desqualificar ou subestimar nada. O desenvolvimento doutrinário é necessário e indispensável, porém apenas para formular, articular e aprofundar conceitualmente a experiência cristã de seguir Jesus Cristo. A moralidade deve ser explicitada e desenvolvida, porém apenas para ajudar a viver com o Espírito de Cristo. A liturgia deve ser celebrada sabendo que só atinge sua verdade plena quando se trata de uma atualização individual e comunitária do encontro vivo com o Senhor.

b) Necessidade de testemunhas

A história da evangelização é, portanto, a história de uma experiência que é transmitida e difundida de uma geração para a outra. Qual é o nosso problema?

Se não houver uma renovação contínua dessa experiência, isso acabará provocando uma ruptura trágica no cristianismo. Os teólogos continuam desenvolvendo doutrinas, os pregadores e os catequistas continuam expondo o conteúdo da fé, os pastores se preocupam em lembrar e reivindicar a moral; nas comunidades, os sacramentos são "administrados", e a observância da prática cultural é cuidada. Mas, se a comunicação da primeira experiência for interrompida, se faltar a experiência de Deus como uma Boa-nova, se não se vive e se trabalha pelo projeto do Reino de Deus, se não houver contato vivo com Jesus... faltará o essencial, o determinante, a única coisa que dá vida à fé cristã[4].

Mas há algo que não devemos esquecer. Sem testemunhas, não é possível transmitir a experiência de Deus vivida com Jesus Cristo. Por isso, quando Jesus envia seus discípulos para anunciar a Boa-nova, não lhes dá a ordem de transmitir uma doutrina, não lhes confia o desenvolvimento de uma organização religiosa, e sim para que sejam testemunhas de uma nova experiência, de uma vida transformada pelo seu Espírito. Ele não os vê como professores, escribas, sacerdotes, liturgistas... Ele os vê como testemunhas: "Recebereis a virtude do Espírito Santo, que há de vir sobre vós;

---

4. Cf. SCHILLEBEECKX, E. *Esperienza umana e fede in Gesù Cristo*. Bréscia: Queriniana, 1985, p. 21.

e ser-me-eis testemunhas, tanto em Jerusalém como em toda a Judeia e Samaria, e até aos confins da Terra"[5].

2 A mudança decisiva na nossa ação evangelizadora

Tudo isso nos obriga a rever e purificar nosso modo de entender e de viver a ação evangelizadora. Condicionados por aquilo que nós mesmos conhecemos e vivemos ao longo dos anos, corremos o risco de assumir, sem maiores reflexões, um modelo de ação evangelizadora que busca abranger muitos aspectos e dimensões, mas nem sempre cuida da experiência evangelizadora de Jesus e do testemunho inspirado pelo seu Espírito. A seguir, aponto quatro aspectos:

• Quase sempre, pensamos que a coisa mais importante para evangelizar é ter *pessoas valiosas e bem-preparadas*, capazes de realizar as diversas tarefas de forma eficaz: pessoas dinâmicas, ativas, trabalhadoras, capazes de aprimorar a comunidade cristã em seus vários aspectos. É por isso que sempre demos importância aos processos de formação, às escolas de teologia, aos programas de capacitação pastoral... Quem vai negar isso?

• Também pensamos na importância de ter meios eficazes que garantam a transmissão adequada da mensagem cristã diante de outras ideologias, do estabelecimento da Igreja, do desenvolvimento do trabalho pastoral em geral. Por isso, todos os nossos esforços visam a contar com plataformas fortes a partir das quais seja possível exercer uma grande influência social: paróquias bem-organizadas, unidades pastorais ativas, centros escolares, publicações, meios de

---

5. At 1,8.

comunicação, materiais pedagógicos... Considerando nossa precariedade atual, como poderíamos não nos preocupar com tudo isso?

- Além disso, precisamos desenvolver e aperfeiçoar cada vez mais *as estruturas e a organização*. Por isso, a importância de um planejamento inteligente e eficaz, uma estratégia bem-pensada, definição de objetivos prioritários, procedimentos pastorais adequados... Como vamos trabalhar na sociedade atual de maneira descoordenada e dispersa, com base em opções individuais, sem unir forças e articular atividades?

- Por outro lado, o *número de pessoas comprometidas* é muito importante. Sempre somos poucos. Sempre os mesmos, os mesmos para tudo. Às vezes, no fundo, talvez pensemos que, se tivéssemos o maior número de pessoas possível, com a melhor preparação possível, com a melhor organização e os melhores meios, tudo seria melhor, e poderíamos realizar o trabalho pastoral com eficiência. Mas, na realidade, o que conseguiríamos se realizássemos, com mais pessoas e meios e de forma mais eficaz e poderosa, o que já estamos fazendo de maneira mais deficiente e precária? É muito importante ter um bom número de pessoas valiosas, precisamos de meios, organização, estrutura, formação mais adequada, mas há questões que não podemos evitar: Estamos comunicando essa experiência nova e boa de Deus revelada em Jesus? Estamos abrindo caminhos para o projeto do Reino de Deus em nosso meio? Nossas comunidades estão se aproximando de Jesus? Estamos nos tornando seus discípulos?

a) Por uma evangelização mais inspirada em Jesus

Evangelizar nada mais é do que comunicar e possibilitar hoje a experiência salvadora, transformadora e humanizadora encarnada na pessoa de Jesus Cristo, em sua mensagem, em seu projeto, em sua entrega até a morte e em sua ressurreição. Este é o objetivo: introduzir e tornar presente na vida das pessoas, no convívio social, na história dos povos essa experiência salvadora do Deus encarnada em Jesus e essa força transformadora do seu projeto do Reino de Deus, capaz de nos fazer avançar em direção a uma vida mais humana e feliz para todos.

• É importante ter pessoas valiosas e bem-preparadas, mas o determinante são as testemunhas; isto é, devotos em cuja vida seja possível intuir e capturar a força salvadora, libertadora e humanizadora representada em Jesus quando é recebido com fé viva e amor. Podemos ser muitos ou poucos, jovens ou idosos, mas o que precisamos ter entre nós são comunidades devotas, comunidades de testemunhas que comuniquem sua experiência com Jesus Cristo, que irradiem o estilo de vida e a esperança próprios dos seguidores de Jesus, que vivam como "homens e mulheres novos", comprometidos em criar uma sociedade nova, mais de acordo com o desejo de Deus.

• É importante ter *meios eficazes*, mas o determinante são os *meios usados pelo próprio Jesus*. Meios aparentemente pobres, mas insubstituíveis para introduzir a Boa-nova de Deus na vida de hoje: gestos, atitudes, compromissos e estilo de vida como o dele; acolhida calorosa e incondicional de cada pessoa, defesa constante da dignidade de cada pessoa, proximidade com as necessidades mais vitais do ser humano, acolhida dos mais esquecidos e excluídos, libertação do sofrimento e da solidão, acolhida e oferecimento de perdão imerecido aos culpados, criação de relações mais saudáveis, justas e fraternas, busca por uma sociedade sem dominação masculina, convite para nos libertarmos do medo de confiar em um Deus amigo e salvador.

Podemos dizer que evangelizar é criar comunidades e grupos de devotos nos quais seja possível promover de alguma forma Jesus vivo em meio de nós.

• Sem dúvida, *as estruturas e a organização* são necessárias, mas apenas as que apoiem e encorajem o testemunho. O Evangelho só admite organização e estruturas evangélicas. O importante é ter estruturas simples e fraternas, apenas as necessárias, leves, educativas, transparentes, alegres, que ajudem a viver a experiência de seguir Jesus e que estejam a serviço do testemunho e da entrega ao projeto do Reino de Deus.

• Finalmente, o que é decisivo não é o número, e sim a qualidade de vida evangélica que as comunidades cristãs possam irradiar. O importante não é a quantidade. O determinante não é "fazer coisas", "fazer muito", "fazer alguma coisa", e sim cuidar melhor do conteúdo da nossa evangelização, purificar nossa identidade cristã, cultivar a esperança. No momento, o importante não é fazer, ao mesmo tempo e o mais rápido possível, tudo o que programamos em nossos planos pastorais. Isso não é possível nem realista. Nos próximos anos, vamos constatar muito mais nossa precariedade e a perda das nossas forças. O determinante vai ser voltar ao Espírito de Jesus.

3 Evangelizar espalhando a Boa-nova de Jesus

De acordo com Marcos, pelos caminhos da Galileia, Jesus "proclamava a Boa-nova de Deus" e certa vez disse: "O Reino de Deus está próximo. Mudai vosso modo de pensar e de agir, e acreditai nesta Boa-nova"[6].

---

6. Mc 1,16.

a) Anunciar Deus como uma Boa-nova

O que está acontecendo depois de vinte séculos de cristianismo? Por que o que nós, cristãos, oferecemos não é mais a Boa-nova? É única e exclusivamente um problema da evolução moderna da sociedade ou é também um problema de que "o sal se desvirtuou" e perdeu seu sabor original e de que "a luz se ocultou" de muitas maneiras e por muitas coisas alheias ao Evangelho?[7] Há alguns anos, Edward Schillebeeckx fez esta grande afirmação: "Parece que a principal razão para o esvaziamento das nossas igrejas é que nós, cristãos, estamos perdendo a capacidade de apresentar o Evangelho aos homens de hoje com fidelidade criativa, juntamente com seus aspectos críticos, como uma Boa-nova. No máximo, fazemos isso verbalmente: dizemos de maneira autoritária que o Evangelho e a Boa-nova devem ser aceitos por respeito à autoridade do Novo Testamento. E quem vai querer ouvir o que não é mais apresentado como uma notícia animadora, especialmente se for anunciado em tom automático, invocando o Evangelho?"[8]

Em seu sentido mais profundo, "boa-nova" é algo que, em meio às experiências negativas e amargas da vida, e apesar das incertezas, dos conflitos e das crises de uma época, traz uma nova esperança à vida das pessoas e à sociedade. A "Boa-nova" é algo que toca o âmago das pessoas; traz luz, significado e um novo horizonte para sua existência; gera dignidade, liberdade e conforto; desperta comunhão, amizade e uma convivência mais fraterna. A "Boa-nova" faz nascer júbilo e gratidão no âmago das pessoas.

---

7. Cf. Mt 5,13-16.
8. SCHILLEBEECKX, E. *Jesús*: la historia de un viviente. Madri: Cristiandad, 1981, p. 103.

Por que o Deus que proclamava Jesus era visto como uma "Boa-nova" pelo povo? De forma muito resumida, podemos dizer: 1) *O que Jesus anuncia de Deus*, o que diz em suas parábolas, o que comunica com suas palavras é visto pelas pessoas como algo novo e bom, elas entendem, dá uma resposta ao que estão esperando, é o que precisam ouvir: um Deus amigo do ser humano. 2) *O modo de ser de Jesus*, sua vida, seu estilo de se aproximar das pessoas, seu modo de viver, de confiar, de amar, tudo isso é visto como algo bom pelas pessoas: Ele mesmo é a "parábola viva" de um Deus bom. É uma sorte se encontrar com Jesus. 3) *O modo de agir*, seu modo de agir diante das injustiças, do sofrimento, da mentira, dos medos das pessoas, do peso do pecado, tudo isso traz algo de bom à vida das pessoas; traz paz, libertação, verdade, perdão; traz a "salvação" de Deus. Essa é a chave que também não devemos esquecer hoje, se quisermos evangelizar nos inspirando em Jesus: o que Jesus prega, o que Jesus vive e o que Jesus faz é sempre algo bom, é a Boa-nova de Deus para o ser humano.

b) Três características básicas da Boa-nova de Deus

Para nos aprofundarmos um pouco mais no ato evangelizador de Jesus, vou apontar três características básicas: *Deus é bom.* Jesus vive seduzido pela bondade de Deus. Recebe e transmite o mistério de Deus como um mistério de bondade. Não precisa se apoiar em nenhuma autoridade, em nenhum texto das Sagradas Escrituras. Para Ele, a bondade de Deus é um fato primordial, uma experiência indiscutível. "Só Deus é bom". Deus é uma presença boa que abençoa a vida de seus filhos. A realidade incompreensível de Deus, o que deixamos escapar, o que não podemos pensar ou imaginar do seu mistério, Jesus recebe e transmite como bondade e compaixão. O que define Deus não é seu poder, como entre as divindades pagãs do Império, nem sua sabedoria. Deus é bom e quer o nosso bem. Essa é a primeira coisa que precisamos saber sobre Deus. Essa é a primeira palavra do evangelizador que se inspira em Jesus. Isso é o que precisam ouvir, em primeiro lugar, o homem e a mulher de hoje. Deus é bom para todos. Deus só quer o nosso bem.

Este bom Pai é um *Deus próximo*. Sua bondade acompanha seus filhos de perto. Jesus vive e comunica essa proximidade de Deus com simplicidade e espontaneidade incríveis. Em nome desse Deus, semeia gestos de sua bondade: abençoa as crianças que vivem nas ruas, cura os doentes, acaricia a pele dos leprosos, acolhe os pecadores e lhes oferece o perdão de Deus de graça. Tudo isso pode parecer pequeno e insignificante, pode passar despercebido. Assim é a bondade de Deus: atualmente, está perdida entre a complexa realidade da vida, mas um dia acabará triunfando sobre o mal. Hoje tudo está misturado, tudo está a caminho, tudo está inacabado. Hoje, essa bondade de Deus só é revelada onde seus filhos a acolhem e a comunicam, mas um dia se manifestará em toda sua plenitude. Isto é evangelizar: tornar a bondade de Deus visível, sensível, reconhecível por meio de pequenos gestos.

Para Jesus, nada disso é mera teoria. Deus é próximo e acessível a todos. Qualquer um pode ter um relacionamento direto e imediato com Ele a partir dos segredos de seu coração. Ele fala a cada um de nós sem proferir palavras humanas. Ele atrai todos para o bem. De acordo com Jesus, são os mais jovens que descobrem melhor seu mistério. Não são necessárias muitas mediações rituais nem liturgias complicadas como as do Templo para nos encontrarmos com Ele. Deus não está ligado a nenhum templo nem lugar sagrado.

Não é propriedade dos sacerdotes de Jerusalém nem dos mestres da lei. De qualquer lugar é possível levantar os olhos ao Pai do Céu. Jesus convida todos a viver confiando no mistério de um Deus bom e próximo: Quando orar, diga: "Pai!"[9] Este Espírito de Jesus nos ensina a inventar gestos e a colocar sinais na vida das pessoas para tornar confiável a proximidade de Deus. Deve nos encorajar a criar comunidades simples, fraternas e acolhedoras, onde a confiança em um Deus bom e próximo possa crescer.

Este Deus bom e próximo pertence a todos. Encontre seus filhos onde eles estão, mesmo que estejam longe da Aliança e vivam de costas para seu amor[10]. Ninguém é insignificante para Ele. Ninguém está perdido para Ele. Ninguém é esquecido por Ele. Esse grande e bom Deus não se encaixa em nenhuma religião, porque Ele vive em todos os corações, acompanhando cada pessoa em suas alegrias e em suas desgraças. Deus não deixa ninguém sozinho. Existem maneiras de se encontrar com cada um, sem passar, necessariamente, pela religião. "Ele faz seu sol nascer sobre os bons e os maus. Ele faz chover sobre os justos e os injustos". O sol e a chuva pertencem a todos. Não têm dono. Deus os oferece como um presente, rompendo nossa tendência moralista de discriminar aqueles que consideramos maus. Deus não é propriedade dos bons. Seu amor também está aberto aos maus. Deus entende, ama e perdoa aqueles que não podem viver de acordo com as exigências morais que as religiões impõem. Deus é Deus. Uma surpresa de bondade que preenche toda a nossa existência. São muitos os

---

9. Lc 11,2.
10. Devemos lembrar as parábolas do bom pastor que busca a ovelha perdida (Lc 15,4-6) ou a da mulher que busca a moeda perdida (Lc 15,8-9).

que precisam ouvir sobre esse Deus. Mesmo sem saber, eles estão esperando as boas-novas do Deus de Jesus.

4 Colaborar no projeto do Reino de Deus vivo pelo Espírito de Jesus

Quando Jesus fala desse Deus bom, próximo e aberto a todos, Ele está falando do mesmo Deus em que todos em Israel acreditam: o Deus criador do Céu e da Terra, o libertador do seu povo querido. Por que não se alegram com a Boa-nova de Deus que Jesus anuncia? De onde surgirá o conflito?

a) Não se deve separar Deus de seu projeto do reino

Os líderes religiosos do Templo e os mestres da lei associam Deus à religião: a vigília do sábado, o culto do Templo, a observância das normas de pureza ritual... Jesus, por outro lado, associa Deus à vida: a primeira coisa e mais importante para Deus é que seus filhos tenham uma vida digna e justa.

O mais importante é a vida das pessoas, não a religião. Os setores mais religiosos de Israel sentem que Deus os impele a cuidar da religião do templo e da observância da lei. Jesus, por outro lado, sente-se enviado por Deus para promover sua justiça e sua misericórdia.

Segundo Lucas, na sinagoga de Nazaré, valendo-se de algumas palavras de Isaías, Jesus transmite seu programa evangelizador: "O Espírito do Senhor está sobre mim, porque Ele me ungiu. Ele me enviou para anunciar a Boa-nova aos pobres, proclamar a libertação aos cativos e a visão aos cegos, dar liberdade aos oprimidos e proclamar um ano de graças ao Senhor"[11]. Para Jesus, o Espírito desse Deus bom, próximo e aberto a todos o impulsiona a disseminar as "boas-novas" para os pobres do mundo, a "libertação" para os cativos, a "luz" para os cegos, a "liberdade para os oprimidos", a "graça" para os miseráveis.

Estamos diante de um ponto crucial e decisivo. O centro do ato evangelizador de Jesus não é ocupado pela religião, e sim pelo "Reino de Deus", seu projeto de promover uma vida mais livre, mais justa, mais digna, saudável e feliz. Jesus nunca separa Deus do seu reino. Não se pode pensar em Deus sem pensar em seu projeto para transformar o mundo. Jesus não convida as pessoas a simplesmente buscar a Deus, e sim a "buscar o Reino de Deus e sua justiça". Ele não nos chama para "nos convertermos" em Deus, como os profetas faziam, e sim pede a todos para "entrarem" no Reino de Deus. E, quando Ele confia sua missão a seus discípulos, sempre os envia para "anunciar o Reino de Deus", isto é, o plano de Deus para transformar o mundo, e "curar os enfermos", ou seja, curar a vida[12].

Evangelizar de acordo com o Espírito de Jesus exige que nunca se separe Deus da vida, a religião da justiça, a liturgia da ação libertadora. A seguir, vou apontar algumas linhas de ação.

b) Ver a evangelização em Deus como uma força de transformação

Jesus vive em Deus como uma força transformadora poderosa, como um Deus da mudança. Sua presença é sempre provocativa, estimulante, questionadora. Deus atrai para a conversão. Não é uma

---

11. Mt 6,33.
12. Lc 9,2; Mt 10,7-8 etc.

força conservadora, e sim um chamado à mudança: "O Reino de Deus está próximo, mudai..."[13]

Esse é o segredo e o motor da ação evangelizadora. Quando se aceita a Deus, não é mais possível permanecer passivo. Deus tem um grande projeto: precisamos construir uma terra nova tal como que Ele quer. Temos que trabalhar por uma vida mais humana. Os que choram, Deus quer vê-los sorrir, e, aqueles que têm fome, Ele quer vê-los alimentados. Evangelizar como Jesus é viver mudando a vida, tornando-a melhor e mais humana. Essa é a tarefa emocionante de uma Igreja evangelizadora.

c) Evangelizar defendendo e curando a vida

Toda a atividade evangelizadora de Jesus visa curar, libertar, capacitar e melhorar a vida, começando com aqueles para quem a vida não é vida. Não estamos diante de algo acidental e secundário, mas diante da orientação básica e fundamental de sua atuação. Por isso, este resumo admirável da sua missão que o Quarto Evangelho coloca na boca de Jesus: "Eu vim para que tenham vida, e a tenham com abundância". Anuncia a salvação eterna com uma vida saudável. Revela Deus, o Salvador, iniciando um processo de cura das pessoas e de toda a sociedade nesta terra. O sofrimento, a doença, a desgraça não são expressões da vontade de Deus. Não são castigos, provas ou purificações que Deus envia para os seus filhos. É impossível encontrar uma linguagem desta natureza em Jesus. Quando se aproxima dos enfermos, não é para oferecer a

---

13. Mc 1,15.

eles uma visão piedosa da sua desgraça, mas para transmitir fé, aliviar sua dor e alcançar sua cura, na medida do possível. Esses corpos curados, essas mentes livres, esses corações pacificados contêm uma mensagem para todos, que Jesus revela com estas palavras: "Se expulso os demônios pelo Espírito de Deus, é porque o Reino de Deus está chegando a vocês".

Não devemos pensar apenas na cura dos indivíduos. Todas as ações de Jesus têm o propósito de levar a sociedade a uma vida mais saudável. Sua denúncia de tantos comportamentos patológicos de raiz religiosa, como o legalismo, a hipocrisia, o rigorismo, o culto vazio do amor; seus esforços para derrubar barreiras e criar uma convivência mais justa, fraterna e solidária; sua oferta de perdão às pessoas afundadas na culpa e na divisão interior; seu amparo aos maltratados pela vida ou pela sociedade; seu empenho em libertar todos do medo para aprenderem a viver do perdão e da confiança absoluta em Deus... São muitas outras características de sua evangelização curadora.

Esta foi a lembrança que restou de Jesus: "Ungido por Deus com o Espírito Santo e com poder, passou a vida fazendo o bem" e "curando" os oprimidos, deprimidos ou reprimidos. Considero de suma importância resgatar a dimensão curadora do ato evangelizador e recuperar a força curadora que a experiência cristã pode oferecer em uma comunidade na qual o Espírito de Jesus é preservado. Pode ser, para muitos homens e mulheres de hoje, um apoio decisivo para viver de maneira mais saudável em uma sociedade em que tantos vivem doentes devido à falta de amor, solidão e incomunicação, agressividade e violência, incerteza e desesperança[14].

---

14. Para uma exposição mais ampla, permito-me remeter ao meu livro *Id y curad*. Madri: PPC, 2004, cap. 11: "La comunidad cristiana, fuente de salud integral: tareas y posibilidades", p. 197-226.

d) Colocar a compaixão no centro das comunidades de Jesus

Jesus vive em Deus como compaixão. Deus é afetuoso, misericordioso. Deus é guiado pela compaixão; é sua primeira reação diante de seus filhos, é o primeiro sentimento que tem por nós. Por isso, a compaixão não é, para Jesus, uma virtude, mas a única maneira de nos parecermos com Deus. A única maneira de olhar o mundo, de tratar as pessoas e reagir aos acontecimentos de uma maneira semelhante à de Deus.

Por isso, Jesus tem tantos gestos de bênção, de acolhida, de defesa, de graça e de perdão.

A compaixão é o que guia seu estilo de evangelização. Envolve, com seu gesto protetor de imposição de mãos, os doentes que não podem receber a bênção dos sacerdotes do Templo; toca os leprosos, aqueles que ninguém toca, pois são excluídos da convivência; abraça e afaga as crianças, os menores e indefesos da sociedade; defende as mulheres, mesmo que sejam afetadas por doenças impuras ou tenham sido apanhadas em adultério; senta-se para comer e beber com pessoas indesejáveis, detentos, prostitutas. Com seus gestos, sua sensibilidade e sua acolhida, Ele quer revelar toda a compaixão de Deus.

Por outro lado, convida seus seguidores a disseminar a compaixão de Deus como um princípio de ação. No povo judeu, esse princípio era aceito como ponto de partida para ser fiel a Deus: "Sê santo, porque eu, o Senhor, vosso Deus, sou santo"[15]: o povo deve imitar o Santo Deus do Templo, que odeia os pagãos e ama o povo escolhido, amaldiçoa os pecadores e abençoa os justos, mantém os

---

15. Lv 19,2.

impuros longe de si e acolhe os puros. Em meio a essa sociedade, Jesus propaga um princípio alternativo que transforma tudo: "Sê misericordioso como vosso pai é misericordioso".

Deus não é grande e santo porque rejeita os pagãos, os pecadores e os impuros, mas porque ama todos, porque tem compaixão por todos[16]. Somente a compaixão tornará a Igreja de Jesus mais humana, mais confiável, mais fiel ao seu Espírito. A ação evangelizadora deve nos mobilizar para que passemos de uma Igreja grande, segura, autoritária, que se coloca acima de tudo para uma Igreja que caminha humildemente com os homens e as mulheres de hoje, uma Igreja vulnerável e pecadora, que sofre, que está em crise e, portanto, compreende os sofrimentos, as incertezas e os erros dos outros e sabe acompanhar a humanidade com compaixão e com esperança em direção ao Reino de Deus.

e) Um estilo evangelizador para os nossos dias: acolher, escutar e acompanhar

O Espírito de Deus leva Jesus a acolher os excluídos, os marginalizados e discriminados pela sociedade, os que são esquecidos pela religião. E não poderia ser de outra forma. A experiência de Deus é a de um Pai que tem um projeto integrador em seu coração: uma sociedade onde não haja privilegiados que desprezem os indesejáveis, santos que condenem os pecadores, poderosos que abusem

---

16. Lc 6,36. Mt 5,48 frequentemente é traduzido da seguinte forma: "Sede perfeitos como vosso Pai do Céu é perfeito". Porém, seria mais apropriado traduzir: "Sede bons em tudo". David Flusser traduziu assim: "Não imponhas limites à vossa bondade, pois Deus não impõe limites à sua".

dos fracos, homens que subjuguem as mulheres, ricos que vivam dos pobres. Deus não abençoa a exclusão nem a discriminação, mas a igualdade, a comunhão e a amizade solidária. Deus não separa nem excomunga. Deus une, acolhe, abraça.

É por isso que Jesus vive um estilo evangelizador marcado por acolher o diferente, o excluído e o esquecido. Acolhe as mulheres, toca os leprosos, aproxima-se dos impuros, promove uma "mesa aberta" para os pecadores e para as pessoas de má reputação. Com seu estilo de vida, Jesus cria comunhão, não separação; gera igualdade, não discriminação; abertura, não exclusão. É um erro pretender criar em torno de Jesus a comunicação desejada por Deus, excomungando aqueles que consideramos indignos.

Jesus, que vive tudo com base na compaixão de Deus, é invadido por gritos e lemas que revolucionam tudo: "Os últimos serão os primeiros"[17]: os coletores de impostos e as prostitutas chegam ao Reino de Deus antes que os líderes religiosos[18]; os humildes conhecem melhor o mistério do Pai do Céu do que os sábios e entendidos[19].

É por isso que Jesus desmascara os mecanismos que geram discriminação e exclusão religiosa; não cultiva o medo ao Deus do Templo, mas o liberta; faz crescer a liberdade entre as pessoas, não a submissão religiosa; atrai para o amor de Deus, não para as normas; desperta a compaixão, não o ressentimento; convida ao serviço, não à imposição autoritária.

Este é o espírito evangelizador de Jesus. Embora não possamos promover grandes realizações de natureza organizacional e funcional

---

17. Mt 20,16.
18. Mt 21,31.
19. Lc 10,20.

em nossas comunidades, se aprendermos com Jesus a acolher, escutar e acompanhar os esquecidos pela religião ou os discriminados pela sociedade, tudo será diferente entre nós. Nos próximos anos, o número de cristãos e, especialmente, seu peso social, diminuirão cada vez mais. Como disse K. Rahner: "seremos um 'pequeno rebanho', cada vez menor". Porém, justamente por isso, precisaremos combater com força a tentação de nos tornarmos um gueto e agir de maneira sectária pensando apenas em sobreviver. A Igreja, se pertence a Jesus, terá sempre que ser uma "Igreja de portas abertas", onde todos encontrem amor, amizade, acolhida, paz, fé, coragem para viver e esperança para morrer"[20].

---

20. RAHNER, K. *Cambio estructural de la Iglesia*. Madri: Cristiandad, 1974, p. 37-43 e 114-124 [nova edição: Madri: PPC, 2014].

3
Agir com base na misericórdia de Deus

Gostaria de começar este capítulo-chave para a ação evangelizadora de hoje com algumas palavras do Papa Francisco, que temos que gravar bem em nosso coração e em nossas vidas evangelizadoras: "A Igreja tem a missão de anunciar a misericórdia de Deus, coração do Evangelho, de tal forma que chegue à mente e ao coração de cada pessoa [...]. Nos dias de hoje, a questão da misericórdia deve ser proposta com um entusiasmo renovado e com uma ação pastoral. É determinante para a Igreja e para sua credibilidade que viva e testemunhe a misericórdia em primeira pessoa. Sua linguagem e seus gestos devem transmitir misericórdia para que penetre no coração das pessoas e as motive a reencontrar o caminho de volta a Deus".

O caminho que vamos percorrer nesta exposição é simples: começarei mostrando que Jesus recebe e vive a realidade de Deus como um mistério incompreensível de misericórdia. Em seguida, exporei como a misericórdia do Pai aparece encarnada na vida de Jesus, radicalmente voltada para aqueles que mais necessitam de compaixão, na sua entrega prioritária aos sofredores e na sua acolhida incondicional aos "pecadores" mais desprezados[21]. Em terceiro lugar, ouviremos a grande herança de Jesus: "Sede misericordiosos como vosso pai é misericordioso". Terminarei me aprofundando

---

21. Bula de convocação do Jubileu da Misericórdia: *A Face da Misericórdia*. 12.

na dinâmica da misericórdia e, a título de conclusão, farei algumas sugestões para caminharmos em direção a uma Igreja samaritana e trabalharmos por uma cultura mais fundamentada na misericórdia.

1 Deus, mistério incompreensível do amor misericordioso

A primeira coisa que temos que saber bem é que Jesus recebe e vive a incompreensível realidade de Deus como um mistério de misericórdia. O que define Deus não é o poder, a força ou a astúcia, como no caso das divindades pagãs do Império. Por outro lado, Jesus nunca fala de um Deus indiferente ou distante, que se esqueceu do seu rebanho. Menos ainda, de um Deus interessado em sua honra, seus interesses, seu templo ou seu sábado. No centro da sua experiência de Deus, não nos encontramos com um "legislador" que tenta governar o mundo por meio de leis ou com um Deus "justiceiro", irritado ou zangado com o pecado dos homens.

Para Jesus, Deus é "misericordioso", "compassivo". Quando Jesus falava de Deus em sua língua materna, Ele o chamava de *rahum* (literalmente, "entranhável"), isto é, Deus é *rahamim* (tem entranhas de uma mãe). Especialistas dizem que, provavelmente, na origem dessa linguagem utilizada por Jesus, sustenta-se a imagem de que Deus é um "Pai querido" (*Abbá*), que tem entranhas de uma mãe: Deus sente por nós o que uma mãe sente pelo filho que carrega no ventre. Esta é a imagem favorita de Jesus. Deus nos leva como uma mãe ao filho em seu ventre[22].

---

22. Uso os termos "misericordioso" e "compassivo" de forma indistinta. Misericórdia significa literalmente "colocar o coração naquele que está na miséria", e sugere dar atenção àqueles que sofrem na miséria. Compaixão significa "padecer com quem sofre", e sugere mais proximidade e solidariedade com o sofredor.

Esta é a Boa-nova de Deus proclamada por Jesus. O mistério final da realidade que os devotos chamam de "Deus" é um mistério de infinita misericórdia, bondade sem limites e oferecimento contínuo de perdão. Para Deus, a misericórdia não é uma atividade entre outras; pelo contrário, todo seu ser consiste em ser misericordioso com suas criaturas. Temos que cuidar da nossa linguagem com relação a Deus para não desfigurar seu semblante misericordioso. Dele só brota o amor misericordioso: Ele não pode se vingar de nós, não pode guardar ressentimentos, não pode nos fazer mal. A misericórdia é o que guia Deus, é sua reação diante de suas criaturas, é sua maneira de olhar para seus filhos, é o que guia e dirige todas as suas ações.

As parábolas mais comovedoras de Jesus e, sem dúvida, as que mais tocaram o seu coração, são as que narrou para transmitir a todos sua confiança absoluta na misericórdia de Deus. Talvez a mais cativante seja a do "pai bom"[23].

Sem dúvida, os que ouviram pela primeira vez ficaram surpresos. Não era isso que se ensinava nas sinagogas da Galileia nem no Templo de Jerusalém. Será que Deus é assim? Como um pai que não guarda seu patrimônio, que respeita totalmente o comportamento dos seus filhos, que sempre espera com amor pelos perdidos, que "mesmo estando longe" vê seu filho e "fica inundado pela compaixão"?[24] Será que Deus é assim? Como aquele pai que perde o controle, corre, abraça e beija efusivamente seu filho como se fosse sua

---

23. Lc 15,11-31. É um erro chamá-la de Parábola do "Filho Pródigo". A figura central é a do pai.
24. O verbo grego *splagchnizomai* usado por Lucas significa literalmente que o pai "sente compaixão". Depois, vamos ver que os evangelistas empregam o mesmo termo para nos dizer que Jesus também "sente compaixão" quando vê as pessoas sofrerem.

mãe, um pai que interrompe sua confissão para poupá-lo de mais humilhações e o recebe como filho em sua casa? Será que esta é a melhor metáfora de Deus? Um pai comovido que acolhe com amor os seus filhos perdidos e implora aos irmãos que também o recebam com a mesma compaixão? Será que Deus é um pai que pretende que a história dos homens termine com uma festa onde a vida e a libertação de tudo o que escraviza e degrada o ser humano é finalmente celebrada? Jesus fala de um banquete abundante aberto a todos, fala de música e dança, de filhos perdidos que despertam a compaixão do pai, de irmãos convidados a se amparar. Será que esse é o segredo definitivo da vida?

Será que este é o projeto humanizador do Reino de Deus: abrir caminhos para um mundo mais digno, mais justo, mais fraterno e mais feliz para todos?

Jesus também narrou outra parábola surpreendente e provocativa sobre o dono de uma vinha que queria pão e trabalho para todos[25]. Segundo relatos, o dono de uma vinha foi pessoalmente à praça da cidade contratar vários grupos de trabalhadores em diferentes momentos do dia.

Inesperadamente, embora os trabalhadores tenham feito trabalhos muitos diferentes na vinha, o senhor paga um denário a todos: o que era considerado necessário para uma família camponesa da Galileia viver por um dia. O patrão não pensa nos méritos de cada um, e sim que todos possam jantar naquela noite. Quando o grupo que mais trabalhou protesta, esta é a sua resposta: "Não te-

---

25. Mt 20,1-15. É um erro chamá-la de Parábola dos "Trabalhadores da Vinha". O verdadeiro protagonista é o dono da vinha. Podemos chamá-la de Parábola do "Bom Empregador" ou "O Empregador que Queria Pão para Todos".

nho liberdade para fazer o que quiser com o que é meu? Ou acham ruim que eu seja bom?"

A insatisfação teve que ser geral. O que Jesus estava sugerindo? Por acaso, Deus não age de acordo com os critérios que utilizamos? Por acaso, para Deus, os méritos não contam? Essa maneira de entender a bondade de Deus não rompe nossos esquemas religiosos? O que os mestres da lei diriam, e o que os moralistas de hoje poderiam dizer? Será verdade que, com sua misericórdia, Deus, mais do que olhar para os nossos méritos, estará buscando como responder à nossa necessidade de salvação?

2 Jesus, "o rosto da misericórdia do Pai"

Não é difícil descobrir em Jesus algumas características e um estilo de atuação que nos permitam ver a misericórdia de Deus encarnada em sua atividade profética.

a) Uma vida voltada para os mais necessitados de compaixão

As diferentes tradições evangélicas apontam para a mesma direção: a atuação profética de Jesus começa e é motivada e dirigida pela misericórdia de Deus. Sua paixão por Deus se traduz em compaixão pelo ser humano. É a misericórdia de Deus que atrai Jesus para os últimos: as vítimas, os que sofrem, os que são maltratados pela vida ou pelas injustiças dos poderosos; os pecadores e as pessoas indesejáveis, os desprezados por todos. O Deus da lei e da ordem, o Deus da adoração e dos sacrifícios, o Deus do sábado jamais poderia ter dado origem à atividade profética de Jesus, tão sensível ao sofrimento dos inocentes e à humilhação dos excluídos.

O Evangelho Segundo Lucas, em uma cena que acontece de acordo com o narrador na sinagoga de Nazaré, ressalta que não é a religião do Templo que orienta as ações de Jesus, mas o "Espírito do Senhor", durante toda a sua vida e em todas as suas atitudes em relação ao próximo.

Valendo-se de um texto de Isaías (61,1-2), Jesus diz: "O Espírito do Senhor está sobre mim, porque Ele me ungiu. Ele me enviou para dar as boas-novas aos pobres, para anunciar a liberdade aos cativos e a visão aos cegos. Para dar liberdade aos oprimidos, para anunciar o Ano da Graça do Senhor"[26]. Jesus se sente "ungido pelo Espírito" de um Deus que orienta toda a sua ação profética aos mais necessitados de compaixão. Esses quatro grupos de pessoas, os "pobres", os "cativos", os "cegos" e os "oprimidos" representam e resumem aqueles que Jesus carrega em seu coração de profeta da compaixão. Nesta vida inteiramente dedicada a dar esperança aos pobres, a libertar os cativos da escravidão, a aliviar o sofrimento e a oferecer o perdão gratuito de Deus, podemos ver a misericórdia do Pai encarnada.

b) O sofrimento: a primeira preocupação de Jesus

Temos que dizer mais uma coisa. Movido pela misericórdia do Pai, "o primeiro olhar de Jesus não é dirigido ao pecado dos outros, mas ao seu sofrimento"[27]. De acordo com os desígnios de Deus, o

---

26. Lc 4,18-19. Provavelmente a cena é descrita por Lucas, mas retrata realmente como foi a atuação de Jesus.
27. Foi especialmente Johann Baptist Metz quem insistiu nesses dados. Cf., p. ex., seu artigo "La compasión – Un programa universal del cristianismo en la época del pluralismo cultural y religioso. In: *Revista Latinoamericana de Teología*, 55, 2001, p. 27.

que guia Jesus não é propriamente o pecado, e sim o sofrimento devido à falta de misericórdia no mundo; portanto, esforça-se para abrir caminhos para o seu reino de justiça. O contraste com João Batista é esclarecedor. A atuação profética de João Batista foi pensada e organizada em função do pecado. Esta era sua preocupação suprema: denunciar os pecados do povo, chamar os pecadores à penitência e purificar, por meio do batismo, aqueles que iam ao Rio Jordão. Parece que João Batista não vê o sofrimento em seu entorno: não se aproxima dos doentes nem os cura. Parece que não conhece a exclusão nem a marginalização em que muitos vivem: não limpa os leprosos, não liberta os possuídos, não acolhe as prostitutas. João Batista não abraça crianças de rua, não come com pecadores, não os recebe em sua mesa. João Batista não tem gestos de bondade. Sua atuação é estritamente religiosa.

Pelo contrário, a primeira preocupação de Jesus é o sofrimento e a marginalização do povo mais doente e desnutrido da Galileia, a defesa dos camponeses explorados pelos poderosos proprietários de terras. Os evangelhos não apresentam Jesus caminhando pela Galileia em busca de pecadores para convertê-los pelos seus pecados. Descrevem-no se aproximando dos doentes para aliviar seu sofrimento, acariciando a pele dos leprosos para libertá-los da exclusão. Ou seja, na atuação de Jesus, é mais determinante eliminar o sofrimento e humanizar a vida que denunciar os pecados e chamar os pecadores à penitência. Não é que o pecado não o preocupe, mas, para o Profeta da compaixão, o maior pecado contra o projeto humanizador do Reino de Deus é provocar sofrimento injusto na vida das pessoas ou tolerá-lo com indiferença, desconsiderando aqueles que sofrem.

Essa preocupação com o sofrimento faz de Jesus um Profeta curador. Jesus vive o Deus da misericórdia como um Deus amigo da vida. Ele sofre ao ver a enorme distância que existe entre o sofrimento de tantas pessoas desnutridas e doentes e a vida saudável que Deus deseja para seus filhos. É por isso que Ele se sente o Profeta curador, repleto do Bom Espírito de Deus, não para condenar e destruir, mas para curar, livrar de maus espíritos e engrandecer a vida. Para Jesus, Deus é uma presença boa que abençoa a vida e quer a cura antes que a observância do sábado. É por isso que Ele abençoa os doentes que não podem ter acesso às bênçãos do Templo. Ele impõe suas mãos sobre aqueles que, de acordo com a crença popular, são considerados castigados por Deus, para envolvê-los com sua ternura.

Agora, quero chamar a atenção para um fato significativo. De acordo com os Evangelhos Sinóticos, Jesus não cura para confirmar sua mensagem ou para provar sua condição messiânica. Todos insistem em que Ele faz isso porque, ao ver o sofrimento dos doentes, "é invadido pela compaixão"[28]. O termo utilizado, *splanchnizomai*, é o mesmo que Lucas usa para falar da misericórdia de Deus[29]. Jesus é *rahum*: é misericordioso, como o pai da parábola que acolhe seu filho perdido.

Jesus também experimenta o Deus da misericórdia como o Deus dos últimos: os empobrecidos pelos poderosos e os esquecidos pela religião. Jesus sofre ao ver que ninguém lhes faz justiça. É por isso que também se sente o *Profeta defensor dos pobres*. Seu primeiro gesto é compartilhar seu destino com eles. A vida pobre e itinerante de Jesus e seus discípulos, sem provisões ou roupas extras, não significa austeridade. É a maneira que eles têm de compartilhar o desamparo, a vulnerabilidade e os riscos que tantos sofrem. Jesus, pobre

---

28. Mc 1,41; 9,22; Mt 9,36; 14,14; 15,32; 20,34; Lc 7,13.
29. Lc 15,20.

profeta do Deus da misericórdia, vive entre os pobres, conhece sua fome e suas lágrimas, afaga as crianças de rua com elas. Jesus encarna a misericórdia do Pai em sua vida solidária com os pobres.

Ao mesmo tempo, Jesus começa a falar uma linguagem nova e provocativa. A misericórdia de Deus está pedindo que se faça justiça por seus filhos mais indefesos. Eles devem saber, antes de qualquer outro, que a misericórdia de Deus jamais os abandonará. Por isso, Jesus começa a lançar seus gritos proféticos por toda a Galileia. Encontra-se com famílias que não foram capazes de defender suas terras diante dos abusos dos proprietários e grita: "Bem-aventurados vós, os pobres, porque vosso é o Reino de Deus!"[30] Observa a desnutrição de mulheres e crianças e garante: "Felizes os que têm fome, porque serão saciados". Vê os camponeses chorando, impotentes, quando os cobradores de impostos pegam o melhor de suas colheitas e os consola: "Felizes são vocês que agora choram, pois vão rir".

Não é brincadeira nem cinismo. Jesus está compartilhando sua pobreza e fala em nome do Pai misericordioso. A mensagem das bem-aventuranças é central na atuação profética de Jesus: "Aqueles que não interessam a ninguém são aqueles que mais interessam a Deus: aqueles que sobram nos impérios construídos por homens têm um lugar privilegiado em seu coração, aqueles que não têm religião que sejam defendidos por Deus como Pai". Se o Reino de Deus for acolhido, o mundo mudará para o bem dos últimos.

Essa mensagem de Jesus não significa o fim da fome e da miséria, mas uma dignidade indestrutível para todas as vítimas. Eles são os favoritos de Deus, e isso dá absoluta seriedade à sua dignidade. Em toda a parte, a vida só será construída como o Pai da misericórdia

---

30. O texto não fala de *depenetes*, os pobres que vivem de um trabalho árduo, mas de *deptochoi*, os indigentes que não têm do que viver.

deseja se libertarmos os pobres da fome e da miséria. Nenhuma religião será abençoada por Deus se não buscar justiça para eles. Isto significa introduzir a misericórdia de Deus no mundo: que as religiões e os povos, as culturas e as políticas olhem pelos mais desamparados e trabalhem pela dignidade deles. E não só isso, também significa introduzir no mundo a esperança final de uma vida plena para aqueles que foram injustamente excluídos e não puderam desfrutar de uma vida digna e feliz neste mundo[31].

c) A acolhida aos "pecadores" mais desprezados

Os evangelhos destacam que o que causou mais escândalo e hostilidade com respeito a Jesus foi sua afinidade com um grupo de pessoas que eram chamadas, de forma depreciativa, de "pecadoras". Nunca havia acontecido nada semelhante na história de Israel. Nenhum profeta havia se aproximado deles com o respeito, a amizade e a simpatia de Jesus. O termo "pecador" não tinha, naquela época, o conteúdo preciso que logo teria na tradição cristã. Esse grupo de "pecadores" é considerado excluído da Aliança, seja por causa de seu comportamento imoral, seja por sua profissão, ou ainda por seu contato com os pagãos, sua colaboração com Roma, ou razões semelhantes. Eles formavam um grupo banido e desprezado especialmente pelos setores mais rigorosos, que os excluíam do convívio social (casamentos com eles, banquetes, negação de saudação...). A conversão deles era considerada impossível. Os grupos mais representativos eram os coletores de impostos e as prostitutas.

---

31. Lc 6,20-21. Há um consenso bastante geral que essas três bem-aventuranças são oriundas de Jesus.

O que mais escandalizava era o hábito de Jesus de se sentar para comer com eles à mesma mesa. Não é algo anedótico ou secundário. É o traço que caracteriza seu modo de agir com os pecadores mais desprezados. Segundo muitos autores, é o gesto profético mais original e representativo do Profeta da Misericórdia. Em meio a um clima de condenação e discriminação generalizada, Jesus introduz um gesto profético de acolhida e inclusão. A reação foi imediata. As tradições relatam fielmente, primeiro, a surpresa: "O quê? Ele come com coletores de impostos e pecadores?"[32] Não mantém as devidas distâncias. Que vergonha! E, então, a hostilidade, a rejeição e os insultos: "Eis um comilão e um bebedor de vinho, amigo dos pecadores"[33]. Jesus nunca negou, pois realmente se sentia "amigo de pecadores".

O assunto era explosivo. Sentar-se à mesa com alguém é sempre uma prova de respeito, confiança e amizade. Não se come com qualquer um, muito menos com o povo escolhido de Israel, onde a própria santidade era tão preservada. O que Jesus está fazendo é algo inconcebível em alguém que se considera um "homem de Deus". Como poderia se sentir amigo de coletores de impostos e de prostitutas?

Mas, além disso, Jesus se aproximava para comer com eles não como um Mestre da Lei, preocupado em examinar sua vida escandalosa, mas como um Profeta da Misericórdia de Deus, oferecendo sua amizade e comunhão. O significado profundo dessas refeições é que Jesus cria com eles uma "comunidade à mesa" diante de Deus[34]. Compartilha com eles o mesmo pão e o mesmo vinho, pronuncia com eles a "bênção a Deus" e celebra, antecipadamente, o último

---

32. Mc 2,16.
33. Lc 7,34; Mt 11,19.
34. AGUIRRE, R. *La mesa compartida* – Estudios del Nuevo Testamento desde las ciencias sociales. Santander: Sal Terrae, 1994, p. 26-133. • CROSSAN, J.D. *Jesús*: vida de un campesino judío. Barcelona: Crítica, 1994, p. 383-408.

banquete, que, como Jesus anuncia, o Pai está se preparando para os seus filhos. Com este gesto profético, Jesus anuncia a Boa-nova de Deus: "Esta discriminação que sofreis no meio do povo eleito não reflete o mistério último de Deus. Também para vós o Pai é misericórdia e bênção".

A mesa de Jesus é uma mesa aberta a todos. Deus não exclui ninguém, nem mesmo os pecadores mais desprezados. Jesus sabe muito bem que sua mesa com os pecadores não é a "mesa pura" dos fariseus, que excluíam os impuros, nem a "mesa sagrada" da comunidade de Qumrán, que não admitia os "filhos das trevas". É a "mesa acolhedora" de Deus. Esta mesa, compartilhada por todos, rompe o círculo diabólico da discriminação e abre um novo espaço, onde todos são bem-vindos e convidados a se encontrar com o Pai da misericórdia. Jesus coloca todos, justos e pecadores, diante do mistério incompreensível de Deus. Já não há justos com direitos e pecadores sem eles. A infinita misericórdia de Deus é oferecida a todos, gratuitamente. Somente aqueles que não a aceitam são excluídos.

Essa misericórdia incompreensível do Pai só pode ser anunciada por meio de comunidades acolhedoras que eliminem preconceitos e quebrem barreiras. Em nenhum ato evangelizador pode faltar a mensagem do perdão gratuito e desmerecido de Deus. Também, hoje, todos os grupos que são condenados, discriminados ou ignorados de alguma forma pela sociedade ou pela Igreja (prostitutas, marginais, viciados em drogas, homossexuais, transexuais...) devem ouvir a mensagem de Jesus:

"Quando se virem condenados pela Igreja, saibam que Deus os está acolhendo. Quando se sentirem rejeitados pela sociedade, saibam que Deus olha para vocês com amor. Quando ninguém os perdoar, sintam o perdão infinito de Deus. Quando se sentirem sozinhos e humilhados, ouçam seu coração e sintam que Deus está com vocês. Mesmo que todos os abandonem, Deus jamais os abandonará.

Vocês não merecem. Ninguém merece. Mas Deus é isto: misericórdia e perdão infinitos".

3 Sede misericordiosos como vosso Pai é misericordioso

Jesus viveu em uma sociedade profundamente religiosa. Toda a organização religiosa e social do "povo escolhido" e a espiritualidade de todos os grupos partiam de uma exigência radical que constava no antigo Livro do Levítico: "Seja santo, porque eu, o Senhor, o seu Deus, sou santo". O povo deve ser santo como Deus o é, que vive no Templo: um Deus que ama o seu povo escolhido e rejeita os pagãos; abençoa os que observam a lei e amaldiçoa os pecadores; acolhe os puros, mas afasta os impuros. A santidade é a qualidade essencial de Deus, o princípio para guiar o comportamento do povo. O ideal é ser santo como Deus é santo.

Paradoxalmente, essa imitação da santidade de Deus, entendida como uma separação entre o pagão, o não santo, o impuro e o contaminante, que tinha como propósito defender a identidade do povo escolhido, de fato, foi gerando uma sociedade discriminatória e exclusiva. Dentro do povo escolhido, os sacerdotes desfrutam de uma pureza maior do que o restante do povo, uma vez que estão a serviço do Templo, onde o Deus santo habita. Os observadores da Lei desfrutam da bênção de Deus, enquanto os pecadores são discriminados. Os homens têm um nível de pureza superior ao das mulheres, sempre suspeitas de impureza devido à menstruação e aos partos. Os saudáveis gozam da predileção de Deus, enquanto os leprosos, os cegos e os aleijados, considerados "punidos" por algum pecado, foram excluídos do acesso ao Templo[35]. Esta religião gerava

---

35. Cf. o chamado "Código de Santidade" (Lv 17–26).

barreiras e descriminalização. Não promovia a acolhida, a comunhão e a fraternidade mútuas.

Jesus percebeu isso imediatamente e, com lucidez e audácia surpreendentes, introduziu, para sempre, um novo princípio na história humana que transforma tudo: "Seja misericordioso como seu Pai é misericordioso"[36]. É a misericórdia, e não a santidade, que deve inspirar o comportamento humano. Deus não é grande e santo porque rejeita os pagãos, os pecadores e os impuros, mas porque ama a todos sem excluir ninguém da sua misericórdia. Deus não é propriedade dos bons. Seu amor misericordioso está aberto a todos. "Ele faz seu sol nascer sobre os bons e os maus." Em seu coração há um projeto integrador. Deus não exclui, não separa nem excomunga, Ele acolhe e abraça. Não abençoa a discriminação. Busca um mundo acolhedor e solidário, onde os santos não condenem os pecadores, os ricos não explorem os pobres, os poderosos não abusem dos fracos, os homens não dominem as mulheres.

Nós, seguidores de Jesus, temos que gravar as palavras dele em nosso coração com fogo: "Sede misericordiosos como vosso Pai é misericordioso". Essas palavras não são propriamente uma lei ou um preceito. Trata-se de reproduzir na Terra a misericórdia do Pai do Céu. Este chamado à misericórdia é o segredo do Evangelho, a grande herança de Jesus para a humanidade. O único caminho para construir um mundo mais justo e fraterno. A única maneira de construir, entre todos, uma Igreja mais humana e mais plausível.

4 Dinâmica da misericórdia

Como aceitar o chamado de Jesus para ser misericordiosos como o pai? Depois de séculos de cristianismo, hoje é necessário resgatar

---

36. Lc 6,36.

a misericórdia como "princípio da atuação prática", libertando-a de uma concepção sentimental e moralizadora. A linguagem da misericórdia pode ser perigosa e ambígua. Especificamente, pode sugerir os bons sentimentos de um coração bondoso, mas carente de um compromisso prático, pode ficar reduzido a "fazer obras de misericórdia" em determinado momento, sem levar em conta as causas injustas de muitos sofrimentos; pode ser entendido como uma atitude paternalista com relação a alguns indivíduos sem reagir diante de uma sociedade que continua funcionando de maneira impiedosa e injusta.

Devemos ouvir o chamado de Jesus à misericórdia como um grito de indignação absoluta: o sofrimento dos inocentes deve ser levado a sério, não pode ser aceito como algo normal, porque é inaceitável para Deus. É por isso que o teólogo Jon Sobrino propôs, há alguns anos, falar do "princípio-misericórdia"; isto é, um princípio interno que está na origem de nossas atuações privada e pública, que permanece presente e ativo em nós, que nos faz prestar atenção àqueles que sofrem e que nos faz viver erradicando o sofrimento e suas causas, ou ao menos aliviando-os[37].

a) A Parábola do Bom Samaritano

O próprio Jesus concebeu a dinâmica da misericórdia em uma parábola inesquecível, que consta no Evangelho de Lucas e é conhecida como a Parábola do "Bom Samaritano"[38]. Para não sair prejudicado de uma conversa com Jesus, um mestre da Lei acaba

---

37. SOBRINO, J. *El principio-misericordia* – Bajar de la cruz a los pueblos crucificados. Santander: Sal Terrae, 1992, principalmente p. 31-45 [Versão em português: *O princípio misericórdia*. Petrópolis: Vozes.
38. Lc 10,30-36.

perguntando a Ele: "E quem é meu próximo?" Esse assunto era muito importante naquela sociedade. O "amor ao próximo" era reconhecido por todos como um grande preceito, juntamente com o princípio do "amor a Deus". O Levítico ordena da seguinte maneira: "Amarás o teu próximo como a ti mesmo"[39]. Mas, nos tempos de Jesus, este preceito era interpretado com base em uma concepção muito pragmática. "Próximo" é aquele que está próximo de nós e a quem é obrigatório amar. Mas essa obrigação de amar quem está "próximo" de nós vai diminuindo à medida que a distância entre as pessoas aumenta (membro da família, clã, tribo, povo de Israel...). Inclusive, pode haver pessoas tão distantes de nós (pagãos, adversários de Israel, inimigos de Deus...) que não há mais a obrigação de amá-las: podem até ser rejeitadas. Esta é a pergunta do mestre da Lei: A quem tenho que considerar meu "próximo"? Até onde chegam minhas obrigações?

Jesus, que vive aliviando o sofrimento daqueles que encontra em seu caminho, quebrando, se preciso for, a lei do sábado ou as regras de pureza, responde com a Parábola do "Bom Samaritano", em que descreve, de forma muito concreta, a verdadeira dinâmica da misericórdia, acima de qualquer legalismo que ignore o sofrimento das pessoas. Segundo a parábola, um "homem" agredido, roubado e despojado de tudo cai "meio-morto", abandonado na vala de um caminho perigoso. Felizmente, dois viajantes aparecem nesse caminho. Primeiro, um sacerdote e, depois, um levita. Certamente, vêm do Templo, depois de realizar seus cultos. O ferido os vê chegar, esperançoso: eles representam o santo Deus do Templo, sem dúvida terão compaixão dele. Mas não é o que acontece. Os dois agem sem compaixão alguma. Ao chegarem ao local, "veem" o ferido, "dão

---

39. Lv 19,18.

uma volta" e continuam seu caminho. Talvez, como servos do Templo, respeitem o "princípio da santidade" do Levítico.

Um terceiro viajante aparece no horizonte. Não é sacerdote nem levita. Nem sequer pertence ao povo escolhido. É um samaritano desprezível. O ferido pode esperar pelo pior. Mas esse samaritano agirá de acordo com o "princípio-misericórdia". Lucas descreve seu comportamento em detalhes. Ao chegar ao local, "vê" o ferido, "comove-se"[40] e "aproxima-se" dele. Então, movido pela compaixão, faz tudo o que pode para salvar a vida daquele desconhecido: limpa suas feridas, coloca faixas, monta-o em seu próprio cavalo, leva-o a uma pousada, cuida dele pessoalmente e paga tudo o que é necessário para que se cure.

b) Dinâmica da misericórdia

• *O olhar compassivo.* O samaritano sabe olhar o ferido com compaixão. A misericórdia desperta em nós, não tanto pelo cumprimento da Lei ou por uma reflexão sobre os direitos humanos. Ela brota em nós quando sabemos olhar para aquele que sofre de maneira atenta e responsável e nos comovemos diante de seu sofrimento. Esse olhar é o que pode nos libertar da indiferença que bloqueia nossa compaixão e também de preceitos ideológicos ou religiosos, que nos permitem viver com a consciência tranquila.

Como dissemos acima, as tradições sobre Jesus conservaram a lembrança de seu olhar misericordioso ao curar os doentes, mas Mateus insiste no olhar misericordioso de Jesus, não só para com

---

40. Lucas utiliza o mesmo termo para descrever a reação do pai bom diante de seu filho perdido e a reação do samaritano diante do ferido: comove-se.

os indivíduos, mas também para com as multidões: "Quando desembarcou, viu muitas pessoas, sentiu compaixão por elas e curou os doentes"[41]; "Quando viu as pessoas, sentiu compaixão por elas, porque estavam cansadas e abatidas, como ovelhas sem pastor"[42].

Johann Baptist Metz lembrou que, diante da "mística dos olhos fechados", mais típica do Oriente, voltada principalmente para o universo interior, aquele que se inspira em Jesus se sente chamado a cultivar uma "mística de olhos abertos", uma espiritualidade de absoluta responsabilidade por aqueles que sofrem.

• *Aproximar-se daqueles que sofrem.* O samaritano, movido pela compaixão, aproxima-se dos feridos. Não se pergunta quem é aquele desconhecido para ver se tem alguma obrigação para com ele por razões de raça ou algum parentesco. Simplesmente se aproxima e se torna seu próximo. A atitude de quem vive movido pela compaixão não é se perguntar: "quem é meu próximo?", mas "quem precisa de que me aproxime e me torne seu próximo?" Quando se vive movido pela compaixão de Deus, leva-se a sério todo ser humano que sofre, qualquer que seja sua raça, seu povo ou sua ideologia. Não se pergunta a quem deve amar, mas quem precisa dele perto de si.

As tradições evangélicas sobre Jesus o descrevem parando e se aproximando de cada doente e pedindo que se aproximem quando estão mais longe. No relato de Marcos sobre a cura de um cego nos arredores de Jericó, ao escutar um cego que, sentado junto ao caminho, pede compaixão, Jesus para sua peregrinação em direção a Jerusalém. Nada é mais importante para Ele do que o choro de quem sofre[43].

---

41. Mt 14,14.
42. Mt 9,36.
43. Mc 10,46-52.

Então ordena que seus discípulos chamem o cego e, quando ele se aproxima, dirige-se a ele com estas palavras: "O que quer que eu faça por ti?" Esta é a disponibilidade de Jesus diante de quem sofre.

• *O compromisso dos gestos.* O samaritano não se sente obrigado a cumprir um determinado código legal. Simplesmente, movido pela compaixão, atende às necessidades do ferido valendo-se de todos os recursos que estiverem ao seu alcance para aliviar seu sofrimento e restaurar sua vida.

De Jesus, ficou a lembrança de um profeta que, "ungido por Deus com o Espírito Santo e com poder, passou a vida fazendo o bem"[44]. Jesus não tem poder político nem a autoridade religiosa dos líderes do Templo. Não pode resolver os abusos e as injustiças que são cometidos naquele canto do Império, mas caminha pela Galileia e pela Judeia, movido pelo poder imposto pelo Espírito Santo de Deus, semeando gestos de bondade e compaixão. Apenas alguns exemplos: abraça as crianças de rua. Por quê? Porque não quer que os seres mais frágeis daquela sociedade vivam como órfãos quando têm Deus como pai. Abençoa os doentes. Por quê? Para que não se sintam "amaldiçoados por Deus" por não poderem receber a bênção dos sacerdotes do Templo. Acaricia a pele dos leprosos para que ninguém os exclua do convívio social. Cura infringindo o sábado para que todos saibam que nem mesmo a lei mais sagrada está acima da preocupação com aqueles que sofrem. Acolhe os indesejáveis e come com pecadores e prostitutas, porque, na hora de praticar a misericórdia, o pecador e o indigno têm tanto direito quanto o justo e o piedoso de ser acolhido com misericórdia.

Para entender bem a dinâmica da misericórdia podemos diferenciar três elementos. Em primeiro lugar, devemos internalizar o

---

44. At 10,38.

sofrimento alheio, deixar que penetre em nós, torná-lo nosso, deixar que doa em nós. Em segundo lugar, esse sofrimento internalizado provoca em nós uma reação; torna-se um ponto de partida de um comportamento ativo e responsável, torna-se um princípio de ação, um modo de vida. Finalmente, esse estilo de vida vai se tornando compromissos e gestos, cujo propósito é erradicar o sofrimento, ou pelo menos aliviá-lo.

5 Conclusão

a) Por uma Igreja samaritana

Para a Igreja, é muito importante encontrar seu lugar na sociedade moderna. É evidente que a Igreja de Jesus não pode viver encerrada em si mesma, preocupada apenas com seus problemas, pensando exclusivamente em seus interesses. Deve estar presente na vida cotidiana, mas não de qualquer maneira. Para acolher com verdade a herança do Profeta da Misericórdia, tem que estar em um lugar muito preciso: onde está o sofrimento, onde estão as vítimas, os empobrecidos, os maltratados pela vida ou pela injustiça dos homens, as mulheres maltratadas no seu próprio lar, os refugiados, os estrangeiros sem documentos. Em outras palavras, deve estar na sarjeta, ao lado dos feridos.

Com o passar dos séculos, surgiram instituições de caridade nas Igrejas, centros de assistência, hospitais, abrigos, congregações religiosas para atender a doentes, órfãos, mendigos, crianças abandonadas, prostitutas, pacientes psiquiátricos. Eles são o rosto compassivo da Igreja, o melhor que temos na Igreja. Mas não é o suficiente. Devemos trabalhar para que a Igreja baseie suas ações inteiramente no princípio de misericórdia. A Igreja deveria ser vista como um lugar onde são encontradas as reações mais comprometidas e ousadas diante do sofrimento que existe no mundo. O lugar mais sensível diante de todas as feridas físicas, morais e espirituais dos homens e das mulheres de hoje. A misericórdia é o que pode tornar a Igreja de hoje mais confiável.

O que pode significar hoje, em nossa cultura, uma palavra magisterial sobre o sexo, a família, a mulher ou os diferentes problemas da vida, dita sem compaixão, àqueles que sofrem? Para que uma teologia acadêmica se não nos desperta da indiferença? Para que insistir na liturgia e na adoração se o incenso e os cânticos não nos permitem ouvir os gritos daqueles que sofrem? Johann Baptist Metz, com razão, há anos, denuncia que nas comunidades cristãs de alguns países da Europa há muitos cânticos e poucos gritos de indignação, demasiada complacência e pouca nostalgia por um mundo mais humano, demasiado consolo e pouca fome por justiça.

Por outro lado, é urgente introduzir na atuação e na mensagem da Igreja um princípio evangelizador que eu formularia assim: tudo o que impede, obscurece ou dificulta a compreensão do mistério de Deus como misericórdia, oferecimento contínuo de perdão gratuito e alívio do sofrimento tem que desaparecer de nossas comunidades, porque não contém as boas-novas de Deus proclamadas por Jesus.

b) Por uma cultura que incentive a misericórdia

Se quisermos ser fiéis à herança de Jesus no que diz respeito à misericórdia de Deus, devemos afirmar que o que é decisivo para a história humana é acolher, promover e disseminar a compaixão para que haja justiça para os que mais sofrem. Não basta promover um progresso de acordo com a visão daqueles que detêm os poderes econômico, político ou religioso, quase sempre orientados para seus próprios interesses. Devemos falar sobre justiça, sim, mas da justiça que vem da compaixão e que introduz uma nova dinâmica e uma nova direção no mundo. A compaixão dirige e conduz tudo em direção a uma vida mais digna para os que mais sofrem.

Não há progresso humano, não há política progressista, não há proclamação responsável dos direitos humanos, não há justiça no mundo se não for por meio da busca por uma vida mais digna, justa e solidária para os mais vulneráveis e esquecidos, isto é, os últimos. Também hoje, para os seguidores de Jesus, os últimos devem ser os primeiros. O caminho para um mundo mais digno e feliz para todos começa a ser construído a partir deles. Esse olhar é prioritário. É o que Deus quer. Não deve ser menosprezado por nenhuma política, ideologia ou religião.

Estou convencido de que nós, cristãos de hoje, devemos aprender a seguir a Jesus a partir das vítimas. Isso exige romper a cultura da indiferença, pensar com base no sofrimento das vítimas, abrir espaço em nossas vidas para os marginais e excluídos, promover a solidariedade em todo o mundo pensando nas necessidades desses últimos e esquecer o nosso próprio bem-estar[45].

Terminarei recordando os gritos angustiantes de Francisco na pequena Ilha de Lampedusa: "Nós perdemos o senso da responsabilidade fraterna, a cultura do bem-estar nos torna insensíveis aos gritos dos outros, caímos na globalização da indiferença, acostumamo-nos ao sofrimento do outro [...] e já não nos interessa, não é da nossa conta"[46]. No início do século XXI, A. Filipi e F. Strazzari perguntaram a vários teólogos qual poderia ser a tarefa mais importante para a Igreja do novo século[47]. Pude ver com alegria a convergência

---

45. Apresento esses aspectos em *Recuperar el proyecto de Jesús*. Madri: PPC, 2015.
46. Discurso do Papa Francisco em 8 de julho de 2013, em Lampedusa.
47. *La cosa più importante per la Chiesa del 2000*. Bolonha: Dehoniane, 2000.

de vários teólogos de grande prestígio ao destacar a importância da misericórdia de diversas maneiras:

- Johann Baptist Metz: "A partir da sensibilidade à dor do outro [...] a Igreja deve promover a compaixão social e política no mundo".

- Marciano Vidal: "Diante da tendência de criar sistemas econômicos, políticos, culturais e religiosos de exclusão [...] a Igreja tem que lutar pela inclusão, o reconhecimento do outro, do estrangeiro, dos excluídos".

- Jon Sobrinho: "Somente uma Igreja dos pobres que desce os crucificados da cruz [...] tornará Deus presente em nosso mundo".

- E. Schillebeeckx: "A mensagem cristã, que já não é confiável no mundo pós-moderno [...] só tocará o coração do homem de hoje se a Igreja for vista a serviço da humanidade sofredora e ameaçada".

4
Despertar a esperança em nosso coração

Nós, os evangelizadores de Jesus, buscamos anunciar as boas-novas despertando nos corações a esperança de um dia conhecer a vida plena e definitiva em um Deus que é o mistério incompreensível de amor ao ser humano. Uma vida que não termina, na qual não haverá morte nem dor, ninguém ficará triste, ninguém terá que chorar. Mas, enquanto nos esforçarmos para reviver esta última esperança, vamos encontrar pessoas que não estão perdendo apenas sua fé em Deus, mas também estão lutando para não perder completamente sua esperança em alguma coisa ou alguém que os ajude a enfrentar a vida todos os dias.

Não é meu propósito expor o anúncio da esperança cristã neste capítulo[48]. Quero sugerir aos seguidores de Jesus maneiras de acolher, ouvir e acompanhar as pessoas que são dominadas pela tristeza, pela angústia, pelo medo, pela solidão, pela humilhação, pelo desamparo ou pela insegurança, sem forças para continuar esperando por algo em alguém. Não podemos continuar anunciando

---

[48]. Abordei o tema da esperança cristã na minha obra *Cristo resucitado es nuestra esperanza*. Madri: PPC, 2016. Leia principalmente os seguintes capítulos: "Cristo es nuestra esperanza" (p. 54-81) e "Esperar nuestra resurrección" (p. 188-207).

a "esperança no céu" ignorando aqueles que estão perdendo até mesmo a "esperança na Terra".

Muitas vezes, descobriremos que despertar a esperança naqueles que vivem sem esperança nesta Terra é uma das melhores maneiras de irradiar a verdadeira esperança nos fiéis e nos não fiéis. Deus sabe se encontrar com cada um dos seus filhos por caminhos que desconhecemos.

1 Perfil da esperança

Todos nós temos experiência no que diz respeito a viver com esperança, mas não é fácil responder quando nos perguntam em que consiste a esperança. A verdade é que não podemos viver sem pensar o que nos espera no futuro. Estamos sempre em busca de segurança, bem-estar, tranquilidade. Se o futuro nos parece sombrio e ameaçador, começamos a sentir preocupação e até medo. Se, pelo contrário, parece-nos favorável e promissor, sentimo-nos bem. Essa confiança de que podemos enfrentar o futuro de maneira favorável constitui a base do que chamamos de "esperança".

Todos nós precisamos de estímulo, uma confiança básica que nos leva a continuar nosso caminho. Não se pode viver sem esperança. A esperança é a força da vida, o motor, o impulso vital. Por isso, quando perdemos a esperança, perdemos a vida. Começamos um processo de regressão e anulação: a pessoa se retrai, não procura, não cresce, cai facilmente na passividade. Para entender melhor o que é a esperança, vou descrever algumas características que nos permitem defini-la.

• *Um estilo de vida.* A esperança não é a euforia de um instante, a reação de um momento. É uma postura mais estável, um estilo de vida, um modo de viver a vida de forma positiva e confiante. A esperança não é vivida por momentos. Alguns dias sim, outros não. Certamente, alguns dias, haverá mais razões para olhar para o futuro de uma maneira mais esperançosa; outros dias, menos, mas a esperança é um estado de espírito, uma forma de enfrentar a vida de maneira confiante.

• *Viver com horizonte.* A esperança não olha para o passado nem permanece no presente. Aquele que vive com esperança só olha para o futuro. Não tem medo do futuro. O que vem pela frente não o paralisa. Vive com horizonte. Por isso, quando uma pessoa perde a esperança, tende a se encerrar em suas memórias. É o caso de muitos idosos. Não podem fazer muitos projetos para o futuro; portanto, tendem a reviver seu passado.

• *Uma postura ativa.* Não podemos confundir "esperança" com "espera". Ter esperança não significa esperar passivamente, aguentar, ver o que vai acontecer. Aquele que vive animado pela esperança não permanece passivo. Ele se move, planeja, age, reage. Pelo contrário, quando uma pessoa perde a esperança, cai na depressão e na passividade. Torna-se difícil acreditar em algo ou alguém. Tudo parece inútil. Afinal de contas, para quê?

• *Atitude realista.* Não podemos confundir esperança com ilusão, sonhos ou otimismo ingênuo. A pessoa que vive com esperança verdadeira é realista. Encontra dificuldades, problemas e imprevistos em seu caminho. Mas, apesar de tudo, confia em si mesma, em seu trabalho, nos recursos que tem à sua disposição, no apoio que será capaz de encontrar para superar os obstáculos.

• *Lucidez responsável.* A esperança não é uma postura cega, e sim lúcida. Aquele que vive com esperança sabe analisar a situação e enxergar a realidade em suas verdadeiras dimensões. Esforça-se para entender o que é importante e o que é secundário e relativo. Ao mesmo tempo, a esperança é uma atitude responsável. Não se trata de pensar que teremos sorte, que as coisas melhorarão ou que tudo mudará como num passe de mágica. Aquele que vive com esperança não cruza os braços esperando que algo de bom aconteça. A esperança é uma tarefa diária feita de esforços pacientes e constantes.

• *Atitude arriscada*. A esperança também não é aquela segurança que sentimos em momentos fáceis, quando não temos problemas. A esperança cresce e se consolida precisamente nos momentos difíceis da vida, quando somos capazes de nos comprometer e correr riscos.

É por isso que muitas vezes não se trata propriamente de ter esperança, mas de ousar mantê-la, mesmo que vá contra o que sentimos agora, quando parece que não há muito o que esperar.

2 Como se perde a esperança

Podemos perder a esperança de muitas maneiras, dependendo de diversas circunstâncias. Mas podemos ter diante de nossos olhos um esquema simples que pode nos iluminar.

Uma pessoa pode se deparar com um fato ou uma experiência negativa: uma doença grave, a perda de um ente querido, a infidelidade do cônjuge, a perda de um emprego. Essas experiências podem provocar dois efeitos: a pessoa começa a ver seu bem-estar em perigo. Não se sente bem. Nada será mais como era antes. Algo que era importante e o ajudava a viver em paz foi destruído. A vida não pode mais ser tão feliz, tão segura ou tão serena. Mas, além disso, a pessoa pode se sentir sem forças para superar essa situação. Não consegue lidar com a realidade. A pessoa não tem ânimo para enfrentar a vida.

Então, aos poucos, vai perdendo a esperança. Cada indivíduo pode seguir um caminho diferente. Depende da sua estrutura psicológica, da gravidade da situação, das circunstâncias específicas em que vive, do ambiente e das pessoas que o cercam. Mas podemos apontar brevemente alguns indícios da perda de esperança.

- *Visão negativa.* A pessoa que passa por um problema, uma situação conflituosa e difícil, corre o risco de assumir uma visão negativa de tudo. Devido ao seu problema, não consegue ver o lado positivo das coisas, das pessoas ou dos acontecimentos. Assume uma visão negativa. Não é capaz de ver nada de bom, belo ou positivo em muitos aspectos de sua vida. Tende a ver apenas o lado ruim das coisas. Aos poucos, acostuma-se a viver reclamando. Nessa atitude negativa, desperdiça todas as suas energias.

É evidente que, para reviver sua esperança, essa pessoa precisa mudar sua visão do problema e da vida em geral. Mas talvez não possa fazer isso sozinha. Que sorte se puder encontrar alguém capaz de ajudá-la a recuperar uma atitude mais positiva, a ter uma mente mais aberta, sentimentos mais confiantes.

Nós, que vivemos, de alguma maneira, comprometidos com tarefas de evangelização, não devemos esquecer isso. Com nossa fé em um Deus amigo da vida e nossa confiança em um Pai que deseja o melhor para seus filhos, podemos nos aproximar dessas pessoas como Jesus fez: escutando atentamente sua situação, acolhendo seu sofrimento, despertando sua confiança, libertando-as de sua solidão e ampliando seu horizonte. Muitas vezes, pode ser o canal mais apropriado para anunciar e divulgar as boas-novas do Evangelho.

- *Falta de confiança.* A esperança se perde quando a pessoa perde a fé em si mesma, nas suas capacidades e nas suas possibilidades. Não espera muito de ninguém, mas, acima de tudo, não espera muito de si mesma. Sente-se cada vez mais incapaz de reagir. Não sabe onde encontrar forças para enfrentar seus problemas. Sua falta de confiança a leva ao derrotismo. Pode até mesmo chegar a culpar-se, atormentar-se e ferir-se.

Para recuperar a esperança, a pessoa precisa voltar a se encontrar de outra maneira, buscar novos motivos para confiar em si mesma e nos demais, desenvolver todas as capacidades e qualidades que existem nela e reviver o que há de melhor em seu interior. Será sempre mais fácil se encontrar alguém que saiba como estimulá-la com seu amparo, sua disposição para ouvir e sua atitude positiva e realista.

Em nossa tarefa evangelizadora, podemos nos encontrar, algumas vezes, com pessoas que não estão apenas perdendo a fé em Deus, mas também que já tenham perdido a fé em si mesmas. Nós, evangelistas, não podemos cuidar apenas de nossas coisas. Temos que encontrar o gesto acolhedor e a palavra certa para que as pessoas não se sintam solitárias. Como Jesus, que se esforçava para despertar, acima de tudo, a confiança dos que viviam sofrendo: "Abra-se", "Não tenha medo, apena tenha fé", "O que posso fazer por você?"

• *Tristeza.* A perda de esperança causa tristeza. A pessoa perde a alegria de viver. O mau humor, o pessimismo e a amargura tomam conta dela gradualmente. Não é uma tristeza passageira. É um estado permanente que está ligado à perda de sentido na vida. Essa pessoa não necessita apenas de um "empurrão", algumas palavras de estímulo. Necessita reencontrar uma fonte de alegria. Um "por que" e um "para que" viver. Uma razão, um motivo que, mais uma vez, dê sentido à sua vida. Será sempre mais fácil se encontrar uma pessoa que a acompanhe e a incentive nessa tarefa.

• *Endurecimento.* A perda de esperança provoca o endurecimento do coração de algumas pessoas. Decidem que, a partir de certo momento, nada nem ninguém lhes farão mal. Matam sua capacidade de afeto e amizade. Endurecem-se por dentro. Esse endurecimento pode levar até mesmo à agressividade e à violência. Ao ver sua esperança frustrada, sua raiva, sua hostilidade, seu ódio à vida podem aumentar. Dessa forma, pode caminhar em direção à sua própria destruição. A pessoa pode matar sua vida gradualmente: pode cair no alcoolismo, no vício nas drogas, no abandono e no descuido de si mesma. Para recuperar a esperança, essa pessoa precisa desabafar, reconciliar-se consigo mesma e com os outros, despertar o que há de melhor nela.

Em nossa tarefa evangelizadora podemos nos encontrar com pessoas que estejam vivendo no limite da perda de esperança na vida. Inclusive com pessoas que, nesses momentos tão críticos por que estejam passando, só têm a nós por perto. Não podemos abandoná-las. A primeira coisa que elas precisam é sentir a presença de um amigo que as ouça e as ajude a encontrar a paz. Temos que ficar com elas para acompanhá-las nesse longo período de suas vidas. Em muitas ocasiões, poderemos ver que é a própria pessoa que começa a nos falar de Deus.

• *Cansaço.* Em outras pessoas, a perda de esperança se manifesta por meio do cansaço. A vida se torna uma carga pesada e difícil de suportar. A pessoa se entrega. Perde o entusiasmo e o ânimo. Sente que não vale a pena viver assim. Esse cansaço não é a fadiga normal de uma atividade ou um trabalho específicos. É um cansaço profundo e vital que pode gerar angústia.

Essa pessoa precisa recuperar a vida de dentro, desde suas raízes. O processo será, quase sempre, lento e delicado. Muitas vezes, precisará de acompanhamento adequado que a ajude a recuperar a esperança. Ao anunciar o Evangelho (pregação dominical, funerais, encontros, celebrações...), devemos pensar que, entre os ouvintes, pode haver pessoas que estão sofrendo uma crise depressiva ou que estão lutando para recuperar a paz e a esperança. Precisamos ser sensíveis para aplicar a luz e o consolo das palavras de Jesus às situações específicas de cansaço vital e angústia que as pessoas vivem em suas vidas diárias.

- *Falta de significado.* De uma maneira ou de outra, a pessoa que perde a esperança vai perdendo o significado da vida: nenhum projeto nasce mais de seu coração. Nada a faz vibrar por dentro. A pessoa apenas "vai vivendo", "vai sobrevivendo". O que sente no fundo, talvez sem saber definir exatamente, é a falta de um verdadeiro significado para sua vida. Não tem razões para viver. Enxerga sua vida como algo inútil e sem sentido. Talvez se sinta como um obstáculo para os demais. Talvez fosse melhor desaparecer.

Para recuperar a esperança, essa pessoa precisa recuperar o significado de sua vida, encontrar razões para reagir, lutar e viver. Precisa renascer, aprender a viver de maneira diferente. Devemos estar mais atentos à vida das pessoas que vamos encontrando no caminho para conversar com elas sobre Deus. Alguns homens e algumas mulheres de hoje precisam escutar aqueles que estão convencidos de que Deus é um Pai que pode nos ajudar a recuperar o profundo significado de nossas vidas, porque podemos encontrar nele a luz e a paz em meio às nossas incertezas e contradições, que podem nos dar novas forças que levantem nosso ânimo, que aliviem nossas angústias e nossas frustrações e nos devolvam a esperança.

3 Como recuperar a esperança

Como se recupera a esperança? Pode-se ajudar uma pessoa a recuperar a esperança? Em que consiste essa ajuda? Que caminhos nós, que estamos comprometidos em anunciar e disseminar as boas-novas de Jesus, podemos seguir?

a) É possível recuperar a esperança

Antes de tudo, devemos lembrar que a esperança pode ser perdida e recuperada. Não é uma característica temperamental, embora seja verdade que nem todos têm a mesma energia ou o mesmo potencial de esperança. Esta é, muitas vezes, uma conquista, fruto de um trabalho árduo e paciente.

Recuperar a esperança pode ser um trabalho individual de uma pessoa que, de suas próprias fontes e de sua própria energia, reage, enfrenta seus problemas e encontra novas maneiras de viver. Mas muitas vezes pode precisar do apoio de alguém que possa acolhê-la, escutá-la e acompanhá-la.

Não esqueça que a esperança, de alguma maneira, é uma convicção, um espírito, uma atitude, uma vida que se contagia. É por isso que uma pessoa cheia de esperança, que sabe acolher, escutar e estabelecer uma comunicação a partir de uma atitude positiva e esperançosa, pode estar mais ou menos certa, mas, no longo prazo, se não cometer erros graves, contagiará a esperança. Pelo contrário, uma pessoa negativa, com um nível baixo de esperança, mesmo que domine técnicas e recursos com habilidade, não lhe será fácil contagiar a esperança. Ambas as coisas são importantes: cuidar da nossa própria esperança e aprender as formas mais apropriadas e eficazes que sejam capazes de gerar esperança. Nós, que trabalhamos com tarefas pastorais, geralmente temos boa vontade, mas desconhecemos os caminhos mais básicos para gerar esperança nas pessoas que encontramos no nosso caminho.

Há algo que não quero deixar de apontar. Em uma comunicação positiva, as duas pessoas crescem: aquela que encoraja e aquela que é encorajada. Não podemos transmitir esperança se nós mesmos não sentirmos esperança. Não podemos animar o outro sem não sentirmos ânimo. Não podemos transmitir confiança, serenidade, luz sem também não sentirmos isso.

b) Enfrentando os problemas sem solução

Naturalmente, a reação mais normal a um problema é encontrar uma solução o mais rápido possível, mesmo que seja parcial e insatisfatória. Essa pequena solução certamente contribui para o crescimento da esperança. Mas existem situações e problemas que não têm solução. Os dados objetivos da realidade não podem ser modificados. Não se pode fazer nada. Estamos diante de uma situação insolúvel. Então as pessoas podem adotar atitudes muito negativas.

A revolta, o protesto e a rejeição são atitudes comuns. Dentro de sua impotência, a pessoa se revolta diante do inevitável. Então a pessoa se desespera e se enfurece cada vez mais. E, com essa atitude, pode chegar ao esgotamento e ao desespero. Diante disso, é importante ajudar essa pessoa a canalizar toda a energia que existe nela não para o problema que não tem solução, mas para outros aspectos de sua vida e de sua atitude que podem mudar seu ânimo para encarar o problema de uma maneira mais positiva e menos angustiante.

Outra atitude costuma ser a ansiedade. A pessoa vive o problema com medo do futuro. Sofre esperando pelo pior. Dessa forma, o sofrimento se intensifica, a pessoa sofre até mesmo sem necessidade por algo que depois talvez nem fosse tão grave assim. Essa pessoa precisa de realismo, viver apenas o problema de cada dia, sem acrescentar sofrimento inútil à sua vida. Podemos ajudá-la a viver o presente, um dia após o outro.

Outra atitude comum é o isolamento. A pessoa se fecha em seu próprio problema. Não deixa que ninguém a ajude. Aceita seu desânimo e seus medos e se entrega ao sofrimento. Dessa forma, a pessoa pode acabar se destruindo. Ela precisa ser libertada do confinamento e do isolamento. A esperança só pode nascer da comunicação, do desabafo, do encontro positivo com alguém que a ouça e entenda.

Em resumo, quando a situação problemática não pode ser modificada, devemos nos perguntar se a pessoa não poderia mudar o modo de viver aquele problema. Dentro dessa situação dolorosa e inevitável, é possível viver com certo positivismo? Tudo tem que ser negativo e destrutivo? A pessoa não pode desabafar com alguém? Não pode passar de uma visão confusa para uma visão mais clara e ordenada de seus problemas? Não pode adotar uma atitude menos passiva, mais comprometida e responsável? O problema ainda está lá. A situação não mudou. Mas talvez a pessoa possa vivê-la de uma maneira mais positiva e construtiva.

c) A mudança de uma atitude negativa para uma atitude positiva

A pessoa sem esperança vive seu problema com uma perspectiva negativa. Mas, a partir desse problema, sua experiência negativa pode ir se espalhando pouco a pouco, como uma mancha de óleo, até cobrir todos os aspectos da sua vida. Não é apenas o problema que é negativo, mas também a pessoa está se tornando negativa, começa a enxergar tudo de um modo negativo. O problema está tomando conta de toda a sua vida. Do que essa pessoa precisa?

De uma maneira simples, podemos dizer que precisa de uma mudança: precisa perceber que o problema por que passa é apenas uma parte da sua vida, não toda a sua vida. E nós, como evangelizadores, precisamos ajudá-la a ampliar seu horizonte e seu olhar. Não se trata de menosprezar o problema dessa pessoa, mas de contextualizá-lo na sua vida como um todo, em que certamente existem experiências, relações e aspectos muito mais positivos.

Devemos lembrar que as situações são quase sempre bastante complexas. As coisas nunca são totalmente boas ou totalmente ruins. As melhores experiências podem conter aspectos negativos, e as piores podem gerar efeitos benéficos. Em grande parte, depende de como as encaramos. Por isso, precisamos ajudar essa pessoa a mudar, em diferentes aspectos ou áreas: 1) sua maneira de *encarar o problema*: para além dos efeitos negativos, pode haver efeitos positivos no curto ou no longo prazos; 2) sua maneira *de pensar e entender o problema*: para além de pensamentos negativos, prejudiciais e destrutivos, pode haver pensamentos mais amplos, mais amáveis e mais nobres; 3) *sentimentos*: para além de sentimentos tristes, derrotistas e desoladores, pode haver sentimentos mais serenos e pacificadores; 4) para além de *percepções* negativas, duras e implacáveis, pode haver percepções mais compreensivas, flexíveis humanas; 5) *decisões*: para além de decisões distorcidas, ruins e prejudiciais, pode haver decisões mais nobres, dignas e mais positivas.

Devemos exercitar mais a busca pelo positivo que sempre existe nas pessoas, nos acontecimentos e nos problemas. Todos nós achamos mais fácil destacar o negativo. Buscar o positivo exige mais esforço e atenção.

Nós, evangelizadores, precisamos "positivar" muito mais nosso olhar, nossa escuta, nosso relacionamento com pessoas que vivem sem esperança.

4 Atitudes para gerar esperança

a) Acolher

A acolhida sempre desperta a esperança. Quando acolhemos bem uma pessoa, nós a ajudamos a reencontrar a esperança. A pessoa se sente mais segura, mais forte e com mais ânimo quando se sente acolhida. Por mais difícil que seja sua situação, por mais sérios que sejam seus problemas, por pior que se encontre, ela percebe que não está completamente sozinha, que pode contar com alguém, que sua vida realmente interessa a alguém; nessa pessoa é possível despertar uma nova esperança. Por isso, a acolhida é a primeira atitude que temos que ter se quisermos despertar a esperança. Essa acolhida não é apenas uma habilidade, uma estratégia para nos relacionarmos com a pessoa desesperançada. É uma atitude que nós, evangelizadores, devemos aprender e cultivar. Aqui estão algumas sugestões:

• Acolher não significa nos colocarmos diante da pessoa, mas ao lado dela e acompanhar o mal que sofre e fere. Esta deve ser nossa atitude interior: "Só penso em você e no seu bem. Quero o seu bem, procuro o seu bem, desejo o seu bem". E nunca devemos abandonar essa atitude, mesmo quando nos sentirmos impotentes ou rejeitados. Quando uma pessoa sente que alguém realmente deseja o seu bem, ela se abre mais facilmente para a esperança.

• Acolher significa se aproximar da pessoa necessitada de esperança com total respeito. Toda pessoa é um mistério; portanto, não podemos compreendê-la em sua totalidade. Certamente, toda pessoa possui valores, qualidades e capacidades que desconhecemos. Pode ter vivido na infância, na juventude ou recentemente experiências alegres ou dolorosas que construíram seu mundo interior, e que não conhecemos. Embora possam estar esquecidos, essa pessoa tem projetos, aspirações e desejos em seu coração. Se quisermos acolhê-la, temos que fazê-lo com total respeito. Se a pessoa se sentir completamente respeitada e acolhida, sua esperança despertará mais facilmente.

• Acolher significa não julgar superficialmente, não classificar, libertarmo-nos de preconceitos que nos condicionam, manter uma postura aberta e confiante, não nos distanciarmos internamente, entrar em sintonia com seus sentimentos negativos de desamparo, desânimo ou solidão. Uma acolhida calorosa só pode nascer da empatia, da interiorização do sofrimento do outro, da proximidade. A pessoa que se sente acolhida pode se abrir melhor à esperança.

• Quero adicionar algo de que quase sempre nos esquecemos. Para acolher verdadeiramente o outro, é importante que acolhamos a nós mesmos, que nos aceitemos como somos, com simplicidade e sinceridade, com nossos erros e limitações, sem complicações, com paz. Sempre acolhemos o outro a partir da nossa pobreza, das nossas limitações. Fazemos o que podemos pelo bem dessa pessoa. Não vamos além do que podemos.

b) Escutar

Talvez a primeira coisa que uma pessoa que tenha perdido a esperança precise é que a escutem para que possa desabafar e compartilhar sua desesperança com alguém. Ouvir sempre ajuda a recuperar a esperança.

Escutar liberta da solidão, do silêncio e do isolamento. Escutar alivia a angústia e os medos. Quando uma pessoa pode falar dos seus medos e das suas incertezas, ou do problema que tira sua paz, sente-se mais segura. Alguns medos se desvanecem e perdem parte de sua força ameaçadora.

Escutar liberta da confusão e da aflição. Ao desabafar, a pessoa dá nome a seus problemas e sentimentos e, assim, entende-se melhor. Escutar é colocar luz nessa vida, "fazer a verdade". Toda pessoa em crise tem uma história dolorosa para contar. Se algum dia puder contar a alguém que a escute com sinceridade, ela começará a se curar.

Escutar suaviza as feridas do passado, alivia o sofrimento. A pessoa ferida e maltratada pela vida necessita chorar, desabafar, expressar sua raiva, seu sofrimento ou sua impotência. Existem fragmentos dessa vida que estão quebrados e só podem ser recompostos se essa pessoa se sentir escutada e compreendida. Escutar é como "acariciar" as feridas internas, acariciar a alma que sofre.

Escutar ajuda a recuperar a dignidade perdida ou maltratada. A pessoa que se sente ouvida apresenta uma melhora da sua autoestima, descobre que é importante para alguém, despertam nela novas sensações, começa a se sentir viva, com mais força para reagir e enfrentar seus problemas. Dessa forma, descobrirá um novo significado para sua vida e seus problemas.

Mas escutar não é algo que surge de maneira espontânea em nós. Exige esforço, atenção e cuidado. Para aprender a escutar as pessoas que sofrem ou estão em crise, não basta aprender técnicas. É necessário cultivar algumas atitudes. Abaixo, dou algumas sugestões que podem ajudar os evangelizadores a escutar mais e melhor.

• Para começar, é bom lembrar que escutar é uma forma de amar. Escutar quem sofre é um gesto de amor ativo e gratuito. Escutamos essa pessoa porque sua felicidade e sua dignidade nos interessam. Escutar o outro é amá-lo.

• Para escutar, é necessário estar atentos à originalidade da pessoa específica. Não é apenas mais uma. Não é outro caso igual ao anterior. Cada pessoa é diferente, vive e sente seus problemas de forma própria, única e original. Nenhum sofrimento é igual a outro.

• Nossa escuta deve ser sempre ativa. Aquele que escuta com entrega o sofrimento e a crise que uma pessoa vive não permanece mudo, distante ou passivo. Interessa-se pelo outro, tenta desvendar o que está por trás de suas palavras, o que está tentando dizer.

Quem escuta deve saber como perguntar com discrição e respeito, tenta entrar em sintonia com o estado de ânimo, sofrimento ou impotência do outro. Sabe "reformular": "Não sei se te entendi bem", "O que você quer dizer com isso?"

• Escutar exige criar um clima de confiança, uma atmosfera de proximidade e compreensão que ajude a pessoa a se comunicar profundamente. Temos que merecer sua confiança. A pessoa em crise tem que sentir que estamos próximos dela, que somos compreensivos e vulneráveis como todos, que compartilhamos do seu sofrimento.

• Escutar significa dar tempo, respeitar o ritmo da pessoa que está se comunicando, compreender seu pudor e sua dificuldade para descobrir seu mundo íntimo, ser paciente e saber esperar.

c) Acompanhar

Vamos pensar um pouco sobre o que uma pessoa que está passando por uma crise que coloca em risco sua esperança nos pediria. Essa pessoa está vivendo um problema específico que conhece como ninguém, porque está vivendo na própria carne. Esse problema está causando um sofrimento mais ou menos profundo. Esse sofrimento gera diversos sentimentos na pessoa que, de alguma forma, colocam sua esperança em crise: angústia, tristeza, desânimo, medo, solidão, rejeição, incompreensão, humilhação, sentimento de inutilidade, impotência, vergonha, confusão, insegurança, culpa... Todos esses sentimentos podem, de diferentes maneiras e em diferentes graus, dificultar a esperança. O que essa pessoa realmente busca quando, angustiada pelo seu problema, sente-se motivada a pedir ajuda?

Certamente, quer encontrar alguma solução para seu problema e seus sofrimentos, mas sua busca é mais complexa. A primeira coisa que devemos fazer é entender o que essa pessoa está sentindo, temos que entender seu sofrimento. Ela está pedindo que, de alguma forma, compartilhemos do seu sofrimento com uma atitude de empatia, que entendamos o quão mal se sente. Naturalmente, quer que queiramos compreender a realidade do problema dela. Quer que procuremos uma solução juntos. Em suma, podemos dizer que, no fundo, o que essa pessoa está nos pedindo é que a acompanhemos em seus esforços para recuperar a esperança.

Como fazer isso?

• Devemos evitar nos concentrar rapidamente no problema que nos conta. Certamente, o problema é importante, mas ainda mais importante é a pessoa que está vivendo esse problema, seu sofrimento, o que sente.

• Temos que evitar a discussão, o enfrentamento. Acompanhar significa caminhar ao lado do outro, não enfrentá-lo. A pessoa que nos procura é alguém que sofre e se sente mal. Está procurando um amigo, embora, em algum momento, possa se mostrar agressiva.

• Devemos evitar qualquer atitude autoritária ou impositiva. Não devemos fazer julgamentos sobre aquilo que está nos dizendo: "O problema é que você é muito pessimista". Quando somos dogmáticos ou autoritários e nos colocamos acima da pessoa que sofre, na verdade, estamos abandonando-a. Nós a deixamos sozinha com seus problemas, suas dúvidas, sua confusão e sua impotência.

- Temos que evitar perguntas motivadas apenas pela curiosidade. O amor e o interesse genuínos pelo bem da pessoa vão nos inspirar a fazer as perguntas certas e precisas.

- Temos que evitar as abordagens abaixo: "Isso acontece com todo mundo", "Calma, já vai passar", "Seja mais otimista". As respostas carregadas de falso otimismo e os convites fáceis a se animar quase sempre indicam falta de empatia e compreensão da pessoa.

- Embora nós, sacerdotes, muitas vezes, tendamos a dar conselhos, geralmente não são eficazes, exceto em casos muito específicos. Ao aconselhar, normalmente, tendemos a impor nossos próprios valores, esquemas e convicções, embora o outro seja diferente. Podemos desorientá-lo e torná-lo mais dependente e menos protagonista da sua própria vida.

- O importante é nos aproximarmos da pessoa que sofre com empatia, tentando nos colocar no lugar dela. Empatia significa, em primeiro lugar, proximidade: compartilhar do que a pessoa está vivendo, compreender seu sofrimento, não ficar indiferentes e nos comover. Por outro lado, a empatia exige que mantenhamos nossa autonomia, uma distância saudável que nos permita ajudar o outro. Não podemos nos sugestionar, induzir, confundir pelo sofrimento e pela ansiedade da pessoa que está sofrendo. Se formos para o fundo do poço com ela, não poderemos ajudá-la.

5 Semear sinais de esperança

Não basta acolher, escutar e acompanhar a pessoa. Precisamos fazer isso transmitindo sinais de esperança na pessoa.

a) O frágil nascimento da esperança

Gerar esperança não é despertar bons desejos. Também não podemos confundir esperança com ilusão. O que a pessoa precisa é de uma esperança que não engane, uma esperança fundada, não ilusória. Uma esperança "enganosa" pode servir para levantar o ânimo no momento e dar um "empurrão" na pessoa, mas depois pode afundá-la ainda mais. Por isso, é importante acolher, escutar e acompanhar, mas devemos fazer isso transmitindo sinais de esperança.

Quando a pessoa vive sem esperança, ela não espera nada do futuro, não controla seu problema, não sabe lidar com sua crise. Não encontra uma solução imediata. Não tem segurança. O despertar da esperança é sempre frágil e delicado. Quando uma pessoa vai passando, pouco a pouco, da desesperança para a esperança, o que muda não é a realidade do problema. O problema ainda está lá. O que muda é a atitude da pessoa. A esperança não surge porque já encontramos uma solução para o problema. A fonte da esperança está em outra parte; não está associada propriamente a uma solução ou a uma "receita" que encontramos para o problema. Na verdade, é uma força interior, uma nova aceitação da situação, uma confiança diferente que dá à pessoa um novo ânimo, mesmo que o problema ainda esteja lá.

b) Pequenos sinais de esperança

Mas, naturalmente, essa esperança precisa de alguns pontos de apoio, alguns sinais em que puder se fundamentar. Dificilmente a atitude da pessoa com relação ao futuro vai mudar se não encontrar algum sinal que permita que a esperança desperte. Talvez sinais pequenos e modestos, mas que possam ajudar a iniciar uma mudança de atitude: novos recursos, sugestões, valores, possibilidades não testadas, horizonte mais amplo, novas relações e apoios.

- A pessoa tem que perceber esses sinais por si mesma. Deve sentir que pode viver essa situação de outra maneira, que tem recursos e possibilidades que não havia percebido, que pode "conviver" com o problema de uma maneira mais digna e positiva, que uma situação tão dolorosa pode ajudá-la a amadurecer e a crescer.

- Também pode perceber "sinais" de esperança em outras pessoas. Talvez descubra que pode contar com pessoas que não tinha imaginado. Existem pessoas que a escutarão e apoiarão. Talvez não esteja tão sozinha quanto pensava. Pode confiar nelas. O fato de poder se comunicar com alguém é um sinal de esperança. A pessoa foi capaz de se expressar, de falar do seu problema, sentiu-se ouvida e acolhida, experimentou uma relação diferente. Uma comunicação positiva em que a pessoa foi capaz de experimentar a proximidade, a escuta sincera, o interesse e a empatia de outra pessoa é um sinal muito importante para recuperar a esperança.

- Quero terminar dizendo que uma pessoa que acolhe, escuta e acompanha se torna um "sinal de esperança". Existem pessoas que transmitem e inspiram esperança não apenas com suas palavras, mas também com sua presença, seu modo de ser e viver, sua maneira de encarar a vida, sua maneira de tratar as pessoas. Comunicam esperança. Contagiam os outros com sua força interior, com a esperança que têm diante da vida. Transmitem saúde, paz, harmonia, serenidade, bem-estar. Geram esperança. É uma sorte encontrar essas pessoas.

5
A oração evangelizadora

É preciso rezar. Não apenas falar de oração ou dizer que é preciso orar. É preciso fazer a oração. É uma ingenuidade afirmar que a vida é feita de oração, que o trabalho pastoral é oração ou que a ação evangelizadora é oração. As coisas são o que são. É verdade que o Espírito pode e deve guiar todas as nossas atividades diárias. É verdade que devemos ser "contemplativos na ação". Mas não podemos confundir a originalidade e o valor específicos da oração.

Por isso, também não devemos transformar a oração em estratégia para nenhuma outra coisa. A oração é para orar. O que temos que buscar na oração é o encontro interior com Deus, a abertura para o seu mistério, a acolhida da sua presença em nós. Sentir a presença de Deus, acolhê-lo, invocá-lo, estar com Ele, desfrutar da sua presença, louvar sua grandeza, cantar suas graças, vibrar com seu amor. É para isso que serve a oração.

Mas, justamente por isso, a oração é a experiência fundamental para despertar, incentivar, curar e purificar nossa ação evangelizadora. É a experiência decisiva para alimentar nosso ato evangelizador e incentivar nosso trabalho apaixonado pelo Reino de Deus. O Papa Francisco nos alertou: "A vida espiritual se confunde com alguns momentos religiosos que oferecem certo alívio, mas que não alimentam o encontro com os demais, o compromisso com o mundo, a paixão evangelizadora. Isso pode ser visto em muitos evangelizadores; mesmo que orem, existe uma exacerbação do individualismo, uma crise de identidade e uma queda do fervor. Existem três males que se alimentam entre si!" (EG 78).

1 A experiência de um Deus bom

Não se trata de aprender coisas sobre Deus, e sim de nos encontrarmos com Ele, mistério de amor incompreensível. Recolhemo-nos em oração para saborear a vida de Deus vivendo o convite do salmo: "Provai e vede que o Senhor é bom" (Sl 34,9).

A fé cristã é um fato vital e não doutrinário, porque resulta da experiência de termos nos encontrado com Deus vivo, revelado e encarnado em Jesus Cristo. Por isso, a evangelização não é feita tanto pela transmissão de uma doutrina, mas, principalmente, pela comunicação de uma experiência vital[49]. Não podemos transmitir o que não vivemos. As palavras se tornam vazias e estéreis quando não nascem da nossa própria experiência. O trabalho pastoral perde conteúdo e sua capacidade de influenciar a vida das pessoas.

A experiência de um Deus bom, vivido em oração, pode representar uma verdadeira novidade na evangelização nos dias de hoje. A novidade de fiéis capazes de testemunhar a partir de sua própria experiência com Deus. A evangelização adquire outra força quando, no trabalho pastoral, há testemunhas que podem narrar sua própria experiência interior com Deus e sua vida convertida e transformada pelo Espírito.

---

49. BISPOS DO PAÍS VASCO. *Evangelizar en tiempos de increencia* – Carta pastoral. São Sebastião: Idatz, 1994, n. 64.

2 Amor ao homem e à mulher de hoje

É natural que a oração do evangelizador esteja inundada pelo amor apaixonado de Deus pelo ser humano. A experiência de Deus sempre nos levará a nos preocupar com seus filhos. "É falsa a contemplação cristã que não se preocupa em discernir continuamente os rastros do Amado entre os caminhos dos homens [...] Não há nenhum cristão contemplativo que tente desfrutar de Deus sem segui--lo por meio do seu compromisso com o homem. Existem outros tipos de contemplação, mas a contemplação cristã sempre se baseia no único mandamento de Jesus: o amor a Deus e aos homens"[50].

Deus ama os homens e as mulheres de hoje apaixonadamente. Ele os entende, acolhe, perdoa, busca um futuro cada vez melhor para eles e deseja sua salvação. O ato evangelizador nunca pode nascer da rejeição, do receio, do medo ou da condenação do homem moderno, e sim do amor que se alimenta do próprio amor de Deus, "que foi derramado em nosso coração pelo Espírito Santo que nos foi dado" (Rm 5,5).

Somente aqueles que amam os homens e as mulheres de hoje, com seus problemas e seus conflitos, com suas contradições e suas misérias, com suas conquistas e seus fracassos, com seus anseios e seus pecados estão em condições de evangelizar. Quem não sente compaixão e ternura pelas multidões, como Jesus sentia (Mt 9,36), não vai evangelizar. Vai se tornar apenas um funcionário da religião.

3 Aproximar-se dos descrentes

Quem recebe o amor de Deus olha com imensa simpatia para todos os seres humanos, e também para aqueles que caminham pela

---

50. ÁLVAREZ BOLADO, A. Sacerdocio y modernidad. In: *Iglesia Viva*, 91/92, 1981, p. 107.

vida com um ar indiferente ou incrédulo. Somos irmãos. Filhos do mesmo Pai. O Espírito também age sobre eles. Todos cabem no coração de Deus. A oração do evangelizador deveria ser "simpatia mística com as vítimas da incredulidade"[51].

A verdadeira evangelização só nascerá de "uma atitude amistosa e dialogante, que só é possível quando nós, fiéis, sabemos compartilhar problemas e questionamentos dos homens de hoje sem nos colocar secretamente à margem ou acima dos que não acreditam"[52].

O homem que vive assediado pela indiferença ou desgastado pelas dúvidas e pelas incertezas não poderá escutar uma mensagem de salvação se perceber nos fiéis arrogância, superioridade velada ou incapacidade para ouvir suas críticas, seus preconceitos ou sua busca. A oração nos torna amigos de todos, inclusive daqueles que hoje não acreditam ou invocam a Deus.

4 Enviados aos pobres

Jesus, com o Espírito, é enviado aos pobres. Ele os unge para abrir caminhos no mundo para o Reino de Deus, e sua justiça, para expulsar o mal que oprime e desumaniza. "O Espírito do Senhor está sobre mim, porque fui ungido. Fui enviado para dar as boas-novas aos pobres" (Lc 4,18).

Na oração, devemos nos sentir "ungidos pelo Espírito", que hoje também nos envia os pobres e indefesos como os primeiros destinatários da nossa ação evangelizadora. As vítimas inocentes, os que tiveram seus direitos fundamentais violados, os maltratados

---

51. SCHILLEBEECKX, E. *Jesús, la historia de un viviente*. Op. cit., p. 28.
52. BISPOS DO PAÍS VASCO. *Evangelizar en tiempos de increencia*. Op. cit., n. 62.

pela vida são os que estão pedindo, mais do que ninguém, o anúncio e a vinda do Reino de Deus e sua justiça.

O Papa Francisco nos lembrou claramente: "Somos chamados a descobrir Cristo nos pobres, a emprestar-lhes nossa voz para suas causas, mas também a ser seus amigos, ouvi-los, interpretá-los e entender a misteriosa sabedoria que Deus quer comunicar por meio deles" (EG 198). Mais adiante nos diz: "Só por meio da proximidade real e cordial podemos acompanhá-los adequadamente em seu caminho para a libertação. Só isso permitirá que os pobres, em todas as comunidades cristãs, sintam-se em casa. Será que este estilo não é a maior e mais eficaz apresentação das boas-novas do Reino?" (EG 199).

5 Audácia para evangelizar

Hoje, não é fácil apresentar o Evangelho em meio a um mundo que é frequentemente indiferente e até mesmo hostil. Nas primeiras comunidades cristãs, fala-se de uma qualidade indispensável no evangelizador: a *parrésia*, a coragem, o valor e a audácia para a tarefa evangelizadora. É um dos primeiros frutos do Espírito em sua Igreja. É assim que os discípulos oram quando a perseguição começa em Jerusalém. "Agora, Senhor, observa como os teus servos nos ameaçam e têm coragem para anunciar a tua mensagem [...] No final da oração, o lugar onde estavam reunidos estremeceu, encheu todos com o Espírito Santo e anunciou a mensagem de Deus com coragem" (At 4,29-31).

Hoje, essa oração é absolutamente necessária para todos nós. Só podemos ter audácia para evangelizar em nossas paróquias e comunidades se confiarmos na ação do Espírito. Hoje em dia, muitos consideram a tarefa evangelizadora excessiva e desproporcional para nossas forças: nossas comunidades envelhecem, falta-nos experiência para evangelizar o mundo moderno. A tentação de Moisés se estende: "Não acreditarão em mim", "Não sei falar", "Não escutarão a minha voz" (Ex 4). É o momento de orar. Não nos pede um esforço acima das nossas forças, o Espírito de Deus já está atuando, não só na Igreja, mas também nessa sociedade incrédula e indiferente. Está agindo no coração de todos os seus filhos antes mesmo de que comecemos a organizar nossa pastoral. O que nos pede é que colaboremos com a ação salvadora que Deus está realizando na história. Os evangelizadores nada mais são do que "cooperadores de Deus" (1Cor 3,9). Por isso, a necessidade de oração.

6 A aceitação da cruz

A evangelização não pode ser realizada sem uma cruz. O Evangelho sempre encontra resistência no mundo e na própria Igreja. É por isso que não é de se estranhar que quem participa da missão de Cristo frequentemente encontre rejeição, crítica ou conflito. Não devemos nos surpreender com isso. A evangelização não é realizada por meio da força, do poder ou do sucesso, e sim da fraqueza e da paixão. O Apóstolo Paulo se referiu às suas perseguições, tribulações, feridas e cicatrizes para provar seu apostolado (2Cor 6,7). Hoje também é assim. A cruz é um sinal da verdadeira evangelização. Poucas coisas ajudam mais a discernir os caminhos do Espírito do que tentar ver onde estão os mártires hoje, onde se padece a crucificação, onde a Igreja está carregando a cruz, onde a rejeição do mundo acontece.

Precisamos orar para assumir as novas cruzes da evangelização hoje: as tensões, os conflitos e os sofrimentos que levam consigo o serviço fiel ao Evangelho. Talvez devêssemos nos surpreender, não por existirem conflitos, mas devido à falta de conflito ou à excessiva harmonia entre a Igreja e uma sociedade que é considerada tão pouco cristã. Somente a cruz e o martírio podem purificar nossa ação evangelizadora e nos livrar da indiferença, das falsas seguranças e das acomodações fáceis de direitas ou de esquerdas.

A evangelização exige fidelidade ao Evangelho, até mesmo quando é mal recebido. As incompreensões, a rejeição, as críticas nem a perseguição devem acorrentar a Palavra de Deus. Assim Paulo escreve da prisão para seu companheiro de evangelização, Timóteo: "Por isso, sofro trabalhos e até prisões, como um malfeitor, mas a Palavra de Deus não está presa" (2Tm 2,9). Essa liberdade de evangelizar assumindo a cruz é fruto do Espírito e da oração. São Paulo se sente forte na fraqueza. É a lei de todo apostolado: "Por isso, sinto prazer nas fraquezas, nas injúrias, nas necessidades, nas perseguições, nas angústias por amor de Cristo. Porque, quando estou fraco, então sou forte (2Cor 12,10).

7 A comunicação da esperança

Em uma época em que a perda de horizontes, a incerteza diante do futuro e o aniquilamento de metas e referências estão provocando uma crise profunda de esperança, o ato evangelizador deve ser, antes de mais nada, a comunicação da esperança cristã. A Igreja tem "a responsabilidade da esperança" (J. Moltmann). Sua primeira tarefa é despertar no mundo a esperança de Jesus Cristo. Antes que "um lugar de culto" ou "uma instância moral", a Igreja tem que se entender como uma "comunidade de esperança". Nesse "apostolado da esperança" encontra sua verdadeira identidade, o que a transforma em "testemunha do Ressuscitado". E se a Igreja, contagiada ela mesma pelo seu pecado, pela sua covardia ou pela sua mediocridade, não tem forças para semear a esperança no mundo, na mesma medida, está desapontando sua missão, porque "hoje a missão só cumprirá seu propósito se espalhar a esperança entre os homens"[53].

Essa esperança não é baseada em cálculos e análises otimistas da realidade, não é o otimismo que nasce de perspectivas favoráveis, também não é esquecer os problemas e as dificuldades. A esperança cristã nasce de viver "enraizados e edificados" em Jesus Cristo (Cl 2,6). Como Paulo disse: "o importante é que o 'homem interior', que vive da fé, não desmorone". "Embora nosso exterior esteja desmoronando, nosso interior se renova a cada dia" (2Cor 4,16). A esperança só vem do Senhor. "Mas veja cada um como edifica sobre Ele. Porque ninguém pode pôr outro fundamento além do que já está posto, o qual é Jesus Cristo" (1Cor 3,10-11). Precisamos de uma oração que alimente a nossa esperança.

A evangelização não é um ato de voluntariedade que de repente mobiliza todos nós. Não é um lema que vem de fora. Não é um objetivo prioritário que está escrito em nossos programas pastorais. É muito mais do que isso. É uma experiência do Espírito, que está agindo em sua Igreja. É um dom e uma tarefa que devemos receber e viver em oração.

---

53. HOEKENDIJK, J.D. *Mission-Heute*. Betel: Studentenbund für Mission, 1954, p. 12, apud MOLTMANN, J. *Teología de la Esperanza*. Salamanca: Sígueme, 1969, p. 423.

Segunda parte

Ir às periferias existenciais

6
Acolher e ouvir os afastados

Nas comunidades cristãs, mal reagimos a esse fato tão doloroso e questionador: a cada dia, mais pessoas abandonam a fé, ou, pelo menos, distanciam-se da Igreja, deixando de compartilhar a Eucaristia dominical conosco. Embora algumas paróquias tentem colocar em prática algumas iniciativas, ainda existem algumas perguntas a serem esclarecidas: Quem são os que abandonaram a Igreja? Por que abandonaram? Do que se afastam? Por que alguns voltam? O que procuram? Em suma, como definir e elaborar uma resposta evangélica e evangelizadora específica capaz de ouvir suas queixas, acolher suas preocupações e acompanhá-los em sua busca?

Neste capítulo, não é minha intenção descrever os motivos pelos quais a sociedade tem mostrado cada vez mais indiferença pela Igreja, analisar as várias formas de descrença, suas raízes e consequências[54]. Vou me limitar a estudar o fenômeno dos "que voltam", buscando reencontrar sua fé de uma nova forma: um fato ainda modesto que precisa ser questionado e pode nos ensinar muito sobre a ação evangelizadora da Igreja em meio à atual crise religiosa.

---

54. Abordei na minha obra *Anunciar hoy a Dios como buena noticia*. Madri: PPC, 2016. Cf. principalmente "En medio de una crisis sin precedentes" (p. 11-35).

A primeira coisa que observamos quando nos aproximamos deles é a enorme variedade de situações, processos e caminhos percorridos. Nem todo mundo segue o mesmo caminho ou da mesma maneira. Cada um vive sua própria aventura e segue seu próprio caminho, tanto ao se distanciar da fé quanto ao retornar a ela. Não podemos generalizar. As circunstâncias são diversas, e todos têm sua maneira de reagir, seu caráter, seu espírito e seu caminho... É necessário ouvir o que eles dizem sobre sua experiência. É exatamente por isso que minha reflexão se baseia, junto com a minha modesta experiência, nos trabalhos e nas observações daqueles que trabalham há alguns anos nessa área em particular[55].

1 Por que se afastam?

O tempo de afastamento ou ruptura nem sempre é percebido como "tempo perdido". Para alguns dos que se afastam, esse tempo também serviu para despertar uma nova sensibilidade, para experimentar uma necessidade diferente de Deus ou para se dispor a viver a fé de outra maneira. Alguns certamente se lembram disso como algo negativo: um erro, uma negligência, um afastamento condenável por Deus. Outros têm uma perspectiva mais positiva: uma etapa "necessária" para seu amadurecimento, um caminho desconhecido que os levou a uma fé mais fervorosa.

---

55. CNER/Service National du Catéchuménat. *Colloque sur les recommençants*. Paris, 1999. • "Les recommençants". In: *Chercheurs de Dieu*, ago./2001. • BOURGEOIS, H. *Los que vuelven a la fe*. Bilbao: Mensajero, 1995. • BOURGEOIS, H.; CHARLEMAGNE, C. & CONDAL, M.L. *Des recommençants prennent la parole*. Paris: Desclée de Brouwer, 1996. • BOURGEOIS, H. *À l'appel des recommençants* – Évaluation, et propositions. Paris: De l'Atelier, 2001. • CONDAL, M.L. *La voie du baptême*. Paris: Nouvelle Cité, 1990, p. 121-138. • BOURGEOIS, H. *Quel rapport avec l'Église?* – Confiance et vigilance. Paris: Desclée de Brouwer, 2000.

a) Do que se afastam?

Nem sempre é fácil saber o que cada pessoa sente. Alguns falam, principalmente, de seu afastamento da prática religiosa. Tudo começou quando pararam de ir à igreja ("eu não tinha tempo", "eu não conhecia minha nova paróquia", "minha esposa não ia à missa"). Depois, sentiram que a missa e as orações não lhes diziam nada. Restaram alguns momentos religiosos (Natal, Páscoa...), continuaram participando de velórios, principalmente, devido às pressões sociais. Mas viveram muito tempo longe de qualquer prática religiosa.

Geralmente, a distância é mais profunda. Aqueles que se afastam abandonam "o convívio cristão". Não se sentem mais parte da Igreja. Muitos a olham de longe. Outros dizem que romperam com ela. Alguns falam de sua rejeição e hostilidade. Por muitos anos, viveram longe dos preceitos da Igreja. Eu mesmo pude verificar que quase todo mundo "mantém-se de fora" quando fala ("vocês pensam...", "a hierarquia os impede", "não dizem tudo o que pensam").

Muitos afirmam que abandonaram a fé ("eu me esqueci de Deus, não estava interessado", "eu achava tudo ridículo"). Em alguns, restam lembranças muito vivas do catecismo ou das missas. Outros se esqueceram de quase tudo ("esqueci como reza o Pai-nosso", "não sei se lembrarei de como se reza a Ave-Maria"). Mas percebi que quase todos se lembram da Parábola do Filho Pródigo. Podemos dizer que, em muitos, a fé ficou sem qualquer base ou apoio. Deus foi desaparecendo de suas consciências. Passaram a viver praticamente sem fé.

Alguns continuaram assim. Não se preocuparam em substituir sua fé cristã por outra experiência religiosa. Outros procuraram em outros lugares: grupos não cristãos, outras crenças religiosas, tais como budismo, Rosa-cruz, ioga, meditação... Sua busca foi mais complexa e ambígua. Seu retorno é mais difícil. Foram "complementando" seu cristianismo inicial com outras crenças e experiências. Em seu interior, existe uma mistura de experiências. Agora dizem que buscam a fé cristã, mas, às vezes, não sabem exatamente o que querem.

Nem todo mundo viveu esses processos de afastamento da mesma maneira. Para alguns, foi um processo normal ("naquela época, todo mundo estava abandonando a Igreja"). Para outros, foi uma ruptura desejada ("virei a página", "queria me sentir livre"). Alguns continuaram sentindo falta da prática religiosa. Outros alimentaram ressentimento e agressividade ("Tenho alergia à Igreja").

Podemos dizer que as expressões de estranhamento são muito variadas. Alguns se esqueceram de como é acreditar em alguma coisa. Outros têm a sensação de que não conseguiam acreditar, que não tocava seu coração. Outros não quiseram acreditar: viveram rejeitando tudo relacionado ao mundo cristão.

b) Diferentes gerações de afastados

Aqueles que se afastaram da Igreja o fizeram em diferentes momentos socioculturais. Não é difícil perceber, hoje em dia, as diferentes gerações que se afastaram[56].

As gerações que hoje têm mais de 60 anos conheceram um modelo de sociedade muito fechado, em que o pluralismo atual era desconhecido. A religião ocupava quase todos os âmbitos de suas vidas: a família, a escola e a paróquia moldaram sua consciência e

---

56. É muito esclarecedor estudar SÁEZ DE LA FUENTE, I. (ed.). *Creencia e increencia en la Bizkaia del tercer milenio*. Bilbao: Desclée de Brouwer, 2002.

sua personalidade de maneira decisiva. A religião era algo que não se contestava. As dúvidas quanto à fé eram consideradas um pecado. A religião se limitava a rituais e à moral (principalmente sexual) e estava diretamente ligada à salvação ou à condenação eterna.

Os que se afastaram nessa época, em geral, muito aos poucos ("sem perceber", "fui evoluindo"). A ruptura começa com a libertação da tutela eclesiástica e dos "preconceitos morais". A religião cria desconforto. Cada vez espera-se menos dela. O medo do inferno vai desaparecendo. Pode-se desfrutar do sexo sem dar ouvidos aos sacerdotes. Para "entender-se" com Deus, a mediação da Igreja não é necessária.

As gerações que hoje têm entre 30 e 60 anos já conheceram uma sociedade mais plural, em que a contestação do passado e as críticas às tradições se estenderam amplamente. A religião era questionada. Muitos se afastaram da instituição eclesiástica para se dedicar a uma religiosidade mais individual. Uma cultura materialista se espalhou, tabus se romperam. A opção religiosa era uma entre várias possíveis.

Os que se afastaram naquela época o fizeram por questões específicas. A influência da universidade e o impacto da racionalização são claros. Fala-se claramente de posições agnósticas, supostamente baseadas em argumentos "científicos", e pode-se perceber atitudes niilistas. A Igreja é fortemente criticada, é acusada de ser uma instituição anacrônica, assim como a ditadura de Franco, na Espanha. A participação na missa não é admitida como algo imposto. Fala-se de Deus de maneira genérica, sem muito conteúdo doutrinário ou dogmático. Jesus é aceito como um personagem de grandes valores humanos (inclusive como um revolucionário), mas desvinculado de sua condição divina.

Não são muitos os que, pertencendo às gerações mais jovens (abaixo dos 30 anos) voltam a buscar a fé cristã. Seu perfil humano e religioso é muito diferente do das gerações anteriores. Para eles, a religiosidade foi uma oferta entre muitas outras ("estou entre aqueles que não fizeram crisma"). Alguns nasceram em famílias bastante "descristianizadas" e indiferentes. A vida de outros transcorreu afastada de qualquer prática religiosa desde o início. Dão muita importância ao presente, ao afeto, às experiências, e a religião não respondeu às suas expectativas ("a religião é um tédio", "a missa é chata"). Alguns desenvolveram sua própria religião *"à la carte"*. Quase sempre são caracterizados por uma postura indefinida, sem perfis precisos. A religião não está entre os assuntos que mais lhes interessam. Buscam, acima de tudo, sentir-se bem, preencher vazios, sentir-se reconhecidos... Às vezes, não sabem muito bem o que deixaram para trás nem o que estão procurando ("não sei se a religião tem a ver comigo").

c) Com que idade se afastam?

Os que voltam quase sempre falam de sua infância religiosa. Isso é normal, porque as histórias da vida das pessoas começam pelos primeiros anos; e percebe-se que a infância teve uma grande importância em sua trajetória religiosa. Alguns se referem a ela como um período tranquilo e feliz: sua experiência religiosa foi positiva e satisfatória. Mas a quantidade de pessoas que têm más lembranças é maior. Elas falam de tédio, pressão dos pais, missas obrigatórias na escola, medos, experiências desagradáveis... ("era horrível quando tinha que me confessar", "comunguei em pecado", "tinha muito medo de morrer de um pecado mortal"). Alguns começaram a se distanciar da religião muito cedo, sem perceber, antes mesmo de chegar à adolescência.

O abandono ou o distanciamento podem ocorrer em qualquer idade, mas a maioria se afastou, principalmente, na transição da adolescência ou da juventude para a vida adulta. Também há aqueles que passaram por situações de crise ou instabilidade religiosa em vários momentos de suas vidas; afastaram-se, voltaram, distanciaram-se novamente: sua vida é marcada por oscilações e diversas tentativas. A incidência de pessoas mais velhas que rompem com a vida religiosa é menor, mas existe. Tudo depende das circunstâncias de vida e da negligência com a própria fé.

d) Por que se afastam?

Nem sempre é fácil saber o que desencadeia o afastamento ou a ruptura. A própria pessoa não sabe. Muitas vezes, existem diferentes fatores que convergem na mesma direção. As razões e os caminhos que seguem são muito variados. Às vezes, falam de acontecimentos muito específicos: a morte de um ente querido ("minha esposa morreu alguns anos depois do nosso casamento, e me revoltei com Deus e larguei tudo"), feridas dolorosas ("abortei, e ninguém me ajudou, eu me senti muito mal diante de Deus"), fatos escandalosos ("eu me confessava com um padre que depois abandonou a Igreja e se casou, então passei a desacreditar na Igreja"). Outras vezes, nenhum acontecimento específico pode ser detectado: a fé vai se apagando aos poucos, o sentimento religioso é bloqueado... ("não sentia nada", "nada me tocava, e abandonei"). No entanto, ouvindo atentamente às pessoas, alguns acontecimentos que levaram algumas a se distanciar podem ser identificados.

• *Um processo inconsciente que foi levando à indiferença.* A fé de muitos nunca foi uma decisão pessoal. Diziam-se "cristãos" porque todos eram. Depois se afastaram porque parecia que era isso que os novos tempos pediam. Não souberam reagir a um novo ambiente social. Pouco a pouco, passaram de uma "religião sociológica" para uma "indiferença sociológica". Foi o ambiente social que os afastou. Contaminados pela indiferença generalizada, foram se desprendendo da religião mais por comodidade e imitação do que por razões pessoais convincentes ("todos se afastavam"). A fé dos primeiros anos não foi suficiente para que resistissem. Não foram capazes de viver a vida inteira com o que adquiriram na infância ("eu tinha vergonha de continuar na Igreja"). Pouco a pouco, a religião foi fazendo menos sentido, e encontraram tarefas e ocupações mais interessantes em outros lugares. Quase sem perceber, estavam esquecendo sua fé. Às vezes, sem drama algum; outras, com sentimento de culpa.

• *Distanciamento da prática religiosa.* Para muitos, a religião se reduziu a uma prática ritual vivida de maneira externa e mecânica. Quando, devido a vários fatores (mudança de residência, novo círculo de amizade, casamento com não praticantes...), negligenciaram a prática religiosa, e a fé foi se desmoronando. Começaram a olhar para a Igreja de longe. A religião parecia cada vez mais estranha, complicada e insignificante. Alguns preservaram algum resíduo religioso ("sempre rezei a Nossa Senhora em momentos difíceis"). Em outros, parecem ter se desligado completamente.

• *Crise moral.* Em alguns casos, o que determinou seu afastamento foi uma crise moral. Por um lado, as ideias da Igreja sobre relações sexuais, casamento ou prazer pareciam bitoladas e ultrapassadas. Deus se tornou um obstáculo para que pudessem aproveitar a vida. Outros tiveram uma experiência imoral grave (aborto, vida adúltera, conduta homossexual...). A comunicação com Deus se tornou cada vez mais difícil ("após o aborto, nunca mais fui a mesma", "eu me sentia envergonhada", "não adiantava me confessar"). A religião foi se tornando uma recordação ruim.

• *Conflito com a Igreja.* Em muitos casos, o conflito com a Igreja aparece em primeiro plano. Às vezes, deve-se a um total desacordo com as atitudes da Igreja, que é percebida como intolerante, rigorosa, incompreensiva e machista. Decepcionados e cansados por não ver mudanças significativas, retiraram-se em silêncio. Outras vezes, sentiram-se feridos na própria carne (divorciados voltaram a se casar, homossexuais...), afastaram-se quando se sentiram excluídos ou incompreendidos[57].

• *Crise ideológica.* Alguns abandonaram sua religião por razões ideológicas. Uma formação científica de natureza agnóstica, um ambiente hostil à religião, a militância em um partido impregnado de ideologia contrária à fé foram afastando as pessoas de um cristianismo visto como retrógrado e alienante. Não podiam ser progressistas e cristãos ao mesmo tempo. Preferiram ser progressistas.

• *Descuido da fé.* Outras vezes, tudo começa com o abandono e o descuido da religião. Tomada pelas tarefas do dia a dia, por problemas, por relacionamentos desgastantes e por outros interesses, a pessoa vai se afastando da religião. Chega um dia em que a religião é sentida como algo falso, do qual alguém pode se afastar sem sentir a mínima falta ("para que continuaria na Igreja?"). A fé desaparece devido à falta de motivação.

2 Por que voltam?

Existem muitas perguntas que podemos fazer sobre os motivos pelos quais muitos voltem: "por que voltam?", "O que os impulsiona?", "O que estão procurando?", "Qual é a atitude deles?", "O que

---

57. Cf. BOURGEOIS, H. *Quel rapport avec l'Église?* Op. cit., p. 55-99.

pedem especificamente?" Somente ouvindo-os atentamente, poderemos nos aproximar do seu mundo interior.

a) Como entendem seu momento atual?

Os que "voltam" vivem uma experiência que não é fácil de definir. Às vezes, nem sequer encontram palavras para descrever o que sentem. Vivem um momento que consideram decisivo, mas difícil também.

São poucos os que falam em "volta". Alguns têm a sensação de estar "acordando" após um período de letargia. Outros dizem que estão descobrindo um novo horizonte em suas vidas. Alguns dizem que sentiram um chamado interior. Quase ninguém diz que quer "tornar-se cristão" ou "voltar para a Igreja". O que define melhor sua experiência é "uma busca". São pessoas que procuram "algo" mais autêntico em suas vidas. Em meio a uma sociedade muitas vezes frívola e unidimensional, esses homens e essas mulheres empreendem uma busca espiritual.

Em geral, têm uma postura aberta e confiante. Um novo interesse em Deus se despertou neles. Desejam acertar e estão dispostos a procurar com sinceridade. Alguns hesitam muito antes de dar o primeiro passo e tomar uma decisão. Outros parecem mais confiantes do que gostariam ("no fundo, eu sou devoto, e o que preciso é conhecer melhor a religião"). Alguns transitam, especialmente no começo, em um mundo de dúvidas, incertezas e até confusões ("não sei se vou continuar vindo", "não sei se quero mudar", "não sei o que quero").

Alguns já tentaram retornar várias vezes. Algumas pessoas passaram por diferentes grupos ou buscaram uma vida mais zen, como ioga ou meditação transcendental. Outros tentaram o único caminho que conheciam: confessar-se com um sacerdote. Agora estão procurando novamente. Alguns deram passos importantes por conta própria (lendo a Bíblia, visitando um mosteiro, conversando com alguém com mais experiência religiosa...). Normalmente, ninguém se aproxima da própria paróquia ("lá todos me conhecem"). Quando querem conversar com alguém, geralmente procuram um sacerdote. Alguns participaram de celebrações que despertaram seu desejo de buscar a Deus.

b) Obstáculos e dificuldades

Aqueles que retornam devem superar muitos obstáculos e resistências que encontram pelo caminho. Às vezes, ninguém em seu entorno entende o desejo que despertou neles, sentem-se estranhos entre seus entes queridos ("minha esposa não me entende, ela pensa de outra maneira", "não ouso falar sobre isso com meus amigos, eles ririam"). Acham difícil encontrar alguém que os estimule em sua busca.

Outras vezes, não sabem para onde ir. Mal conhecem a Igreja, e o que conhecem não os atrai. Alguns tiveram experiências fracassadas ("frequentei um grupo cristão, mas não me identifiquei com aquilo"). Não sabem a que porta bater. Os divorciados têm ainda mais desconfiança. Alguns não sabem se ainda pertencem à Igreja ou não.

O obstáculo mais importante é quase sempre a resistência interior ligada ao passado, à trajetória de vida ou ao próprio temperamento ("sou muito instável, esse desejo também passará", "às vezes, parece que estão falando chinês", "não sei como você consegue rezar").

Em muitos casos, é fácil observar uma forte desconfiança com relação à Igreja. Os que retornam são tudo, menos ingênuos. Não querem ser "recuperados" pela Igreja. Não querem que a instituição se meta na vida privada deles (casamento, sexualidade...). Desejam ser respeitados. Em geral, valorizam sua liberdade: querem pensar e agir por conta própria, sem serem pressionados por ninguém. São eles que decidem reavaliar seu passado e decidir seu futuro religioso.

c) Por que voltam?

Às vezes, não é difícil detectar um motivo claro e preciso. Alguns reagiram devido a uma forte crise matrimonial, à morte de um ente querido (cônjuge, filho), a uma doença grave, à perda do emprego... Foram experiências que os convidaram a buscar uma mudança interna ("percebi que tudo é passageiro", "comecei a sentir necessidade de algo mais profundo").

Nem sempre se trata de acontecimentos dolorosos ou negativos. Muitos falam de outras experiências estimulantes: o nascimento de um filho muito esperado, a conversa com um devoto, a leitura de um livro, a chegada da aposentadoria, a visita a uma igreja ou monastério, uma peregrinação, um fim de semana com um grupo de meditação... Não é fácil saber por que o desejo de iniciar uma busca despertou neles. Alguns falam de um sentimento de culpa; outros, de uma espécie de "nostalgia por alguma coisa"; quase todos, do desejo de uma vida mais digna e autêntica.

Nem sempre foi um acontecimento recente e específico que os motivou a empreender essa busca. Alguns falam que sentem uma força ou um chamado há bastante tempo. Alguns vivem insatisfeitos há anos. Outros nunca deixaram de se questionar. Alguns viviam com uma sensação de vazio e inutilidade. Alguns levam tempo procurando mais verdade em sua vida.

d) O que pedem especificamente?

Antes de nos perguntarmos o que estão procurando, precisamos ouvir suas reivindicações. O que pedem quando se aproximam?

A primeira coisa que desejam e pedem é para "fazer contato". Têm a sensação de ter rompido com a Igreja, de ter vivido sem a referência da fé cristã, distanciados da religião. Agora querem entrar em contato com alguém, comunicar-se.

Quase todos pedem alguém com quem conversar. O que querem é poder falar e ser ouvidos. Têm muito a contar e não podem confiar em qualquer um ("não sei com quem conversar sobre tudo isso"). Para quase todos, é muito importante compartilhar sua trajetória e sua busca por orientação. Querem se sentir ouvidos e compreendidos.

Nem todos têm a mesma facilidade de comunicação. Quando a possibilidade é oferecida, alguns aceitam, prazerosamente, participar de um grupo para compartilhar sua busca com outras pessoas que passam por uma experiência semelhante. No entanto, existem pessoas que, por ora, preferem conversas mais discretas.

Quase todo mundo pede ajuda e apoio para conhecer melhor a fé ("o que posso ler?", "existe algum lugar em que possa esclarecer minhas dúvidas?") ou para viver uma experiência religiosa diferente ("onde posso ir à missa?", "o que os monges rezam?", "onde posso aprender a falar com Deus?").

e) O que procuram?

Já falamos dos que "voltam", mas o que essas pessoas buscam não é voltar ao passado. Seu objetivo não é propriamente um retorno.

Querem viver uma nova experiência, levando seu passado em consideração, mas tentando fundamentar sua fé em novas bases. Não querem repetir o passado, mas repensá-lo e vivê-lo de forma diferente. Não voltam para retomar as crenças e as práticas de antes, mas para procurar algo mais autêntico do que aquilo que conheceram.

Sua busca deve se fundamentar não tanto na doutrina ou na instituição, mas na experiência espiritual. Explico: Essas pessoas não procuram simplesmente esclarecer suas dúvidas sobre a doutrina cristã, mas experimentar o poder que a fé tem para dar sentido e esperança às suas vidas. Não procuram simplesmente se reintegrar à Igreja, mas ouvir o chamado de Deus. O importante para eles não é fazer parte de um "grupo cristão", mas encontrar pessoas sinceras e acolhedoras com quem possam compartilhar suas experiências. Dão muita importância à busca espiritual. Sem uma motivação interior, sem uma abertura para o Mistério de Deus, sem uma adesão viva a Jesus Cristo, o cristianismo não faz muito sentido para essas pessoas.

Elas buscam, certamente, compreender melhor a fé cristã. Têm interesse, principalmente, em saber o que é essencial e determinante. Sentem-se mais atraídos pela Palavra de Deus do que pela doutrina dos teólogos. Alguns estão mais interessados no Mistério de Deus do que em Jesus em si. Com o tempo, começam a entender o Mistério que guarda Jesus Cristo.

A maioria deseja, de alguma maneira, voltar à Igreja, mas também se mostram receosos e resistentes. Desejam outra Igreja. São recém-chegados. Não a conhecem bem, mas gostariam de ver outra vida nela, outro espírito, outro estilo... As fraquezas e os pecados das pessoas que fazem parte da Igreja não os assustam. Porém sentem falta de autenticidade, de espírito, pouca criatividade. Muitos parecem não acreditar no que dizemos.

No fundo, o que procuram é acreditar de uma forma diferente. Já não podem acreditar com a mesma fé que tiveram no passado. Mudaram muito. Estão vivendo um momento diferente daquele quando se afastaram. Necessitam "reencontrar sua fé" em outras experiências mais autênticas e convincentes.

3 Em busca de uma resposta pastoral

Termino com algumas conclusões que talvez nos ajudem a definir uma resposta pastoral adequada.

a) Necessidade de uma atenção específica

Antes de qualquer outra coisa, precisamos determinar a identidade dessas pessoas que "voltam". Não são catecúmenos esperando o batismo; são batizados, membros da Igreja que já estiveram em contato com a fé cristã. A atenção que exigem não é exatamente a de uma pastoral de catecúmenos. Não são simplesmente não praticantes; têm consciência de que se distanciaram da Igreja, da fé e de Deus; inclusive falam de ruptura. O que pedem não é apenas recuperar a prática religiosa. Também não são pessoas que procuram ilustrar sua fé ou se aprofundar na doutrina cristã; o que pedem não é catequese, cursos de teologia ou debates, mas acompanhamento para uma nova experiência de fé. Não são necessariamente convertidos, mas pessoas que sentiram a necessidade de procurar a Igreja. Não têm uma atitude passiva ou rotineira; neles existe um desejo de verdade e autenticidade. A atenção pastoral deve responder à sua reivindicação essencial, que é restabelecer sua fé em bases novas e mais autênticas.

b) Acompanhá-los em sua busca espiritual

O mais importante é acompanhá-los em sua busca espiritual. O caminho a ser percorrido inclui várias tarefas e aspectos: é necessário revisar o passado; conhecer mais a fé; superar preconceitos, receios e resistências; aprender a acreditar de outra maneira; viver uma nova experiência com Deus; começar a seguir a Cristo; aprender a orar e celebrar; assumir uma nova direção para o futuro e reformular sua fé. Este trabalho pode ser longo e exige criatividade. É quase sempre contraproducente nos apressarmos e tentar comprometê-los com tarefas pastorais.

c) Reconstruir o relacionamento com a Igreja

Muitos dos que se aproximam ficam desapontados, decepcionados ou até desconfiados com a Igreja. Geralmente, é uma instituição pela qual nunca tiveram grande estima. Em seu passado, existem contatos, relacionamentos, experiências, celebrações – positivas ou negativas – que devem ser levados em consideração. O trabalho a ser feito é delicado. Não se trata apenas de oferecer doutrinação sobre o mistério da Igreja; eles falam da verdadeira Igreja. Precisam conhecer uma experiência eclesiástica calorosa, amistosa, realista e descobrir que a Igreja é mais do que o Vaticano, a missa ou a moral sexual. É preciso conversar sobre medos e receios do passado; ir passando de experiências negativas para experiências mais positivas, em que a Igreja pareça mais humilde e fraterna, mais alegre e esperançosa, mais espiritual e evangelizadora. Às vezes, não é fácil encontrar uma paróquia à qual possam se integrar.

d) Algumas atitudes

É exatamente por isso que a atitude daqueles que trabalham com eles é tão importante. A ação pastoral com os que retornam só é possível mediante uma recepção calorosa e aberta a cada um; uma escuta sincera do que vivem, sentem e pedem; uma atenção total à sua história pessoal, sua trajetória de vida, seu temperamento; um respeito irrestrito à sua liberdade e às suas decisões; uma compreensão e uma proximidade quanto às suas lutas e suas indecisões; uma avaliação sincera dos passos que tomem; um verdadeiro diálogo em que todos nós aprendemos dando e recebendo.

e) O que nos ensinam?[58]

Os que retornam nos ensinam que a Igreja deve ser um espaço de liberdade do qual alguns se afastam livremente. Não é uma instituição obrigatória e coercitiva, mas uma comunidade aberta, sempre respeitosa e acolhedora. Por outro lado, se é possível deixar ir e voltar novamente, é porque a Igreja é a "Igreja dos pecadores".

Quem volta nos ensina muito sobre Deus e seu amor sem esperar nada em troca. Deus respeita todas as pessoas, e não as abandona. Continua fazendo seu trabalho dentro e fora da Igreja. Não se impõe, não pressiona, mas continua convidando. A Igreja é destinada a ser uma testemunha fiel desse Deus. Não é responsável por salvar a humanidade, mas sim por anunciar o Deus Salvador.

Essas pessoas ensinam e estimulam todos nós em nossa vida de fé. Deus não era nada para eles, mas agora desperta seu interesse. Deus emerge de sua indiferença e atrai seu coração novamente. Sua reação desafia todos nós que talvez vivamos uma religião rotineira, acostumados a Deus e ignorando seus chamados.

---

58. LALLIER, A. "Les recommençants: phénomène nouveau dans l'Église de France?" In: "Les recommençants", número monográfico de *Chercheurs de Dieu*, ago./2001, p. 14-20.

Aqueles que retornam também nos ensinam que a Igreja de hoje deve ser um espaço de liberdade do qual alguns se afastam livremente, mas, se voltam, precisam ser acolhidos e ouvidos, como Jesus faria. Nossas comunidades devem estar sempre de portas abertas, com uma atitude respeitosa e acolhedora a todos. Devemos ouvir o alerta do Papa Francisco: "com frequência, comportamo-nos como controladores da graça, e não como facilitadores. Mas a Igreja não é uma alfândega, é a casa do Pai, onde há lugar para todos e cada um, sem importar suas vidas" (EG 47).

4 Uma iniciativa pastoral concreta: os grupos de buscadores

Quando uma paróquia avança em seu processo de conversão pastoral, logo descobre que seus serviços e suas atividades de catequese ou de iniciação cristã não respondem às necessidades e às reivindicações das pessoas afastadas, que procuram retornar à fé para se encontrar com Deus novamente.

Por isso, eu quis reunir em um livro minha modesta experiência de encontros com pessoas que se afastaram[59]. Na primeira parte, ofereço um conjunto de tópicos expostos de maneira coloquial, que podem servir como um guia para encontros destinados a acolher, escutar e acompanhar essas pessoas afastadas em seu caminho em direção ao encontro com Deus, com Jesus Cristo e com a Boa-nova a partir de sua própria experiência. Posteriormente, essas pessoas podem ser convidadas a participar, juntamente com outros devotos, de um Grupo de Jesus, para passar por um processo de conversão a Jesus Cristo.

---

59. *Creer¿para qué?* – Conversaciones con alejados. Madri: PPC, 2015.

Na segunda parte do livro, ofereço uma ajuda elementar e básica para que a própria paróquia possa estabelecer um serviço de atenção aos afastados. Especificamente, proponho algumas ideias simples para refletir e amadurecer a possibilidade de formar um grupo de buscadores. Depois, dou algumas orientações práticas para as reuniões e o processo que devem ser seguidos. Também ofereço textos simples para orar e indico alguns livros para recomendar àqueles que retornam à fé.

7
O compromisso cristão com os pobres

Escrevi este capítulo com a intenção de que possa servir diretamente para incentivar e reafirmar o compromisso de tantas pessoas simples de nossas paróquias e comunidades que trabalham nos serviços da Cáritas, na acolhida de refugiados ou imigrantes que precisam de apoio, no cuidado de famílias desestruturadas, de idosos abandonados e em tantas iniciativas e projetos que visam a lutar por uma vida mais digna para os marginalizados. Minha exposição será muito simples. Quando se trata de ajudar aqueles que sofrem, as palavras sobram. O importante é o que acontece no coração de cada um e dentro de cada comunidade. O mais importante é ouvir pessoalmente o chamado de Jesus.

Quando falo dos pobres, faço-o no contexto de uma paróquia[60]. Abordarei os seguintes aspectos: em primeiro lugar, e de maneira breve, tentaremos ver a pobreza tal como está ocorrendo na sociedade contemporânea. Em segundo lugar, recordaremos algumas afirmações básicas da fé cristã com respeito aos pobres e necessitados. Em seguida, apontarei algumas atitudes que devem ser tomadas. Uma atitude cristã. Finalmente, indicarei alguns critérios que po-

---

60. Para uma visão mais global, cf. meu livro *Jesús y el dinero* – Una lectura profética de la crisis. Madri: PPC, 2013.

dem nos ajudar a concretizar nosso compromisso nos moldes de um voluntariado social de inspiração cristã.

1 Os pobres na sociedade de hoje

Antes de mais nada, precisamos ter uma ideia clara o suficiente sobre como a pobreza está ocorrendo na sociedade atual. Somente assim podemos tomar consciência da dolorosa situação dos pobres que vivem junto a nós.

a) A pobreza, produto calculado do desenvolvimento

Há alguns anos, a pobreza era considerada o resultado da escassez. A sociedade era pouco desenvolvida, carecia de serviços, infraestrutura, meios de produção. Alimentava-se a ideia de que existiam pessoas pobres porque não havia bens para todos. Inclusive, pensava-se que o desenvolvimento da sociedade eliminaria a pobreza gradualmente.

No entanto, não tem sido assim. Por quê? Porque o progresso promovido não tem como propósito solucionar os problemas de todos; pelo contrário, o desenvolvimento tem promovido um padrão de vida cada vez melhor para setores privilegiados, mas à custa de marginalizar e excluir outra parte da população. Em todo o mundo, o padrão de vida da população das grandes potências aumenta à custa de marginalizar cada vez mais os países mais fracos e empobrecidos. Na Europa, é provável que continuem promovendo uma política econômica que garanta o crescente bem-estar de cerca de dois terços da população, enquanto o outro terço poderá ser cada vez mais marginalizado ou excluído.

Nesse contexto, a pobreza não é resultado da escassez. Na sociedade moderna, existem muitas maneiras de atender às necessidades de todos. Se compartilharmos, haverá para todos. A pobreza atual é o resultado de certo tipo de desenvolvimento. Os pobres são, cada vez mais, um "produto calculado" do sistema. É aceito como algo normal e inevitável que o desenvolvimento e o bem-estar de um setor da população tragam consigo a exclusão de outro setor. Os pobres são o grupo que precisa ser sacrificado. O Papa Francisco vem repetindo de várias maneiras que o sistema econômico imposto ao mundo é "um sistema que mata".

b) A configuração da sociedade atual

Entre nós, essa abordagem socioeconômica está moldando a sociedade atual de uma nova maneira, causando gradualmente o surgimento de três setores diferenciados. Se, como disse o Papa Francisco, sairmos de nossas paróquias e irmos até as periferias, poderemos reconhecê-los facilmente em zonas residenciais de baixa renda, em bairros marginalizados ou simplesmente olhando atentamente para as pessoas com quem nos encontramos nas ruas da região da paróquia.

• *O setor integrado.* São os que, no momento, estão seguros dentro do sistema. Essas pessoas têm trabalho, dinheiro, posição social e padrão de vida garantidos. São os que fazem parte da engrenagem. Normalmente, preferem não pensar nas vítimas da crise econômica: amigos, colegas e familiares que estão sendo excluídos. Só pensam em sua própria família. A indiferença e o individualismo crescem facilmente neste setor.

• *O setor ameaçado.* São os que veem seu futuro profissional e sua estabilidade social em perigo. Vivem um dia após o outro, com contratos temporários, aposentadoria antecipada e trabalhos precários; com filhos que crescem e não conseguem encontrar emprego. Encontram dificuldades para realizar seus projetos. A qualquer momento, podem cair no caminho irreversível que leva à pobreza.

• *O setor excluído.* São os que já foram deixados de fora. Sem emprego e sem a possibilidade de se integrar à sociedade. A Europa não é para eles. Esse setor está cada vez mais empobrecido econômica, social e culturalmente. Não podem mais manter o padrão de vida que tinham (férias, fins de semana, viagens, restaurantes, vida social...). Sua vida familiar está se deteriorando. Perdem a confiança em si mesmos. Não esperam grande coisa da sociedade (partidos, sindicatos). Nunca pensaram que se encontrariam nesse "beco sem saída". Não veem futuro em suas vidas.

c) Os novos rostos da pobreza

Nesse contexto socioeconômico, diversos tipos de pobreza vão aparecendo na sociedade atual, intimamente inter-relacionados, mas que podemos agrupar de acordo com certas circunstâncias específicas que geram a marginalização.

• *O desemprego.* O desemprego inicia um processo de degradação e empobrecimento progressivos. A primeira coisa que se nota são os efeitos econômicos: queda no padrão de vida anterior, falta de dinheiro para despesas familiares cotidianas (vestuário, escola dos filhos...), dependência de seguro desemprego, ajuda da Cáritas ou de outras instituições, bem como de parentes... Ao mesmo tempo, começam a sofrer outras consequências: deterioração das relações conjugais, conflitos entre pais e filhos, alcoolismo, refúgio no jogo, depressão, frustração, falta de autoestima e de vontade de viver.

- *A família.* Muitas vezes, na família atual, o lar, que antes era acolhedor, transforma-se em um fator negativo e desintegrador. A crise familiar dá origem a rompimento de casais, divórcios ou separações, maus-tratos à mulher ou aos filhos, falta de organização familiar, falta de preocupação com os filhos. Às vezes, essas situações são muito difíceis: mulheres abandonadas sem meios para sobreviver com seus filhos; crianças sem uma casa acolhedora e sem experiência de amor paternal; adolescentes afundados no fracasso escolar; jovens desadaptados, com famílias conflituosas e instáveis, com risco de cair na vida do crime, das drogas ou do álcool.

- *As dependências.* As diferentes dependências criaram outro grupo crescente de pobres: alcoólatras, viciados em drogas, viciados em jogos. Um tipo de excluídos voltados para a degradação progressiva: Aids, deterioração física e psicológica, solidão, prostituição, falta de comunicação, autodestruição.

- *A velhice.* A velhice é frequentemente considerada um outro fator de marginalização e sofrimento. Juntamente com a deterioração própria da idade, muitas vezes, produz-se o isolamento, a falta de afeto pelos entes queridos, a incapacidade de defender seus direitos. Existem muitos idosos que, em sua própria casa ou em asilos, vivem seus últimos anos de vida afundados na depressão, na solidão ou no desespero, privados de cuidados adequados.

- *Os pobres de "rosto indefinido".* Junto com os "pobres de sempre", vagabundos, sem teto, migrantes, pessoas sem vínculo familiar, com graves problemas psíquicos, rumo a um caminho da autodestruição progressiva, a sociedade moderna gera outro tipo de pobres com uma face indefinida. Pessoas solitárias que não são amadas por ninguém; pessoas depressivas excluídas da sociedade, cônjuges traídos ou abandonados, pessoas mentalmente fracas, pobres humilhados e pessoas solitárias sem um ambiente familiar.

d) A tragédia dos migrantes e dos refugiados

Em nossas paróquias e comunidades cristãs devemos ouvir os gritos que o Papa Francisco tem nos dirigido para que despertemos nossas consciências diante dessa tragédia que crescerá ainda mais nos próximos anos. Reúno algumas de suas graves denúncias feitas diante dos participantes do III Encontro Mundial de Movimentos Populares, realizado em Roma, em 5 de novembro de 2016.

A tragédia dessas pessoas, segundo o papa:

> só pode ser descrita com uma palavra, que disse espontaneamente em Lampedusa: vergonha. "Lá eu pude sentir de perto o sofrimento de tantas famílias que foram expulsas de suas terras por razões econômicas ou violência de todos os tipos, multidões banidas de suas pátrias como resultado de um sistema socioeconômico injusto e de guerras que não procuraram, que não foram criadas por aqueles que hoje sofrem a dolorosa necessidade de abandonar sua terra natal, mas por aqueles que se recusam a recebê-los...
>
> Ninguém deve ser forçado a deixar sua pátria. Mas o problema aumenta quando, devido a essas terríveis circunstâncias, o migrante se vê nas garras de traficantes de pessoas para que possam atravessar as fronteiras, e aumenta mais ainda se, ao chegar à terra onde achava que encontraria um futuro melhor, for desprezado, explorado ou até escravizado. Isso pode ser visto em qualquer lugar de centenas de cidades...

Então, endossando as palavras do patriarca Bartolomeu de Constantinopla, ele diz:

> Quem tem medo de vocês não olhou nos seus olhos. Quem tem medo de vocês não viu seus rostos. Quem tem medo de vocês não viu seus filhos. Esquece que a dignidade e a liberdade transcendem o medo e a divisão. Esquece

que a migração não é um problema do Oriente Médio, do norte da África, da Europa ou da Grécia. É um problema do mundo.

2 Algumas convicções cristãs

O compromisso sempre nasce de convicções claras e firmes. Não é um pressentimento. Não é uma análise momentânea. É um posicionamento, um estilo de vida que compromete a pessoa de forma permanente. Seguir Jesus nos faz olhar para os pobres de uma maneira diferente e dedicar nossa vida a seu serviço. Vamos recordar três elementos básicos em nossa fé.

a) Crer em Deus significa trabalhar pelos pobres

Durante toda a história bíblica, Deus se revela como alguém que sempre é a favor daqueles que sofrem, dos maltratados, dos pobres. O Livro de Judite resume bem: "Tu és o Deus dos humildes, defensor dos pequenos, apoio dos fracos, refúgio dos inválidos, salvador dos desesperados" (Jd 9,11).

Portanto, quando Jesus anuncia a chegada de um Deus que deseja reinar entre os homens, Ele se dirige aos pobres porque considera que são os primeiros que devem ouvir esse anúncio como uma Boa-nova: O Espírito do Senhor está sobre mim, porque Ele me ungiu para pregar a Boa-nova aos pobres. Segundo Jesus, o projeto humanizador do Reino de Deus deve ser uma Boa-nova para os pobres. Trata-se, de acordo com toda a tradição bíblica, dos indigentes, dos indefesos, das vítimas dos poderosos, das pessoas incapazes de defender seus direitos contra os abusos dos fortes, das pessoas pelas quais ninguém faz justiça e para quem não há lugar na sociedade ou no coração de outras pessoas.

Mas por que o Reino de Deus é uma Boa-nova para os pobres e não para os ricos? Por acaso, Deus não é neutro? Por acaso, os pobres são melhores do que os ricos para merecer o Reino de Deus e receber um tratamento especial de Jesus? O caráter privilegiado dos pobres não se deve aos seus méritos, nem mesmo à sua maior capacidade de receber a mensagem de Jesus. A pobreza, por si só, não melhora ninguém. A única razão é o simples fato de que são pobres e estão abandonados, e Deus, Pai de todos, não pode reinar na humanidade, senão buscando justiça e vida digna exatamente para esses homens e essas mulheres que ninguém trata de maneira digna e justa (Sl 72,12-14; 146,7-10).

Os pobres são filhos de Deus que precisam de amor e justiça. Por isso, é bom para eles que o Reino de Deus e sua justiça sejam impostos à sociedade. Se Deus realmente reina entre os homens, na mesma medida em que os poderosos não reinarão sobre os fracos, os ricos não explorarão os pobres, os homens não abusarão das mulheres, os países ricos não oprimirão os povos de países pobres da Terra. Por outro lado, se Deus realmente reina, assim como seu amor e sua justiça, o dinheiro, o lucro e o próprio bem-estar já não reinarão como "senhores absolutos". Jesus disse: "Você não pode servir a Deus e ao dinheiro ao mesmo tempo" (Lc 16,13).

Onde quer que se trabalhe inspirado no Reino de Deus e na sua justiça, sempre haverá boas-novas para os pobres, e será bom para os pobres, e vice-versa, onde os pobres não notarem nada de bom, onde não perceberem as boas-novas, o Reino de Deus continuará ausente. Se vivermos "buscando o Reino de Deus e sua justiça", nossa vida será algo bom para os pobres. Mas, se nossa vida não é percebida como algo bom pelos necessitados, pelos abandonados, por aqueles que sofrem a solidão e a marginalização, teremos que nos perguntar a serviço de que Deus estamos trabalhando.

b) O pobre, memória viva de Jesus

O Evangelho muda radicalmente nossa maneira de ver os pobres e, portanto, nossa maneira de entender a sociedade atual. Os pobres, setor excluído da sociedade, são precisamente "a memória viva de Jesus". Isso nos é lembrado no Concílio Vaticano II: "A Igreja descobre nos pobres e naqueles que sofrem a imagem de seu fundador, pobre e sofredor" (*Lumen Gentium*, 8).

Essa maneira de olhar para os pobres é exigida pelo próprio Jesus, que se identifica para sempre com os pequenos, aqueles que têm fome, aqueles que estão nus, os doentes e os encarcerados. "Em verdade vos digo que, quando o fizestes a um destes meus pequeninos irmãos, a mim o fizestes" (Mt 25,40).

Paulo VI chega a dizer que eles são "o sacramento de Cristo, não certamente idêntico à realidade eucarística, mas em perfeita correspondência com ela". Isso significa que não devemos buscar a Cristo apenas nos sacramentos ou nas páginas do Evangelho. Os pobres são um "lugar lógico para Cristo". Hoje Cristo é encontrado nos setores excluídos. Hoje Cristo nos fala dessa situação de pobreza e sofrimento. Por eles, Jesus nos desafia e nos convida a nos comprometer com o amor. Por meio deles, Jesus nos chama à conversão: desmascara nosso bem-estar, questiona nosso modo de viver a fé, quebra nossos esquemas e nossa tranquilidade. Um compromisso genuíno com os pobres dificilmente nascerá em nós se não ouvirmos este chamado de Jesus.

As perguntas que devemos fazer são sérias: se não estou em comunhão com os pobres, os desamparados, os abandonados nesta sociedade, por que caminhos comungo com Cristo? Se não olho com amor para os pobres, se não os defendo, se não estou perto deles, para que Jesus olho com amor, que Jesus defendo, que Jesus estou seguindo? Se, de alguma forma, minha vida não é um compromisso a favor dos pobres, como entendo e vivo minha aceitação a Jesus Cristo?

3 A atuação de Jesus diante dos pobres e desamparados

Se de fato seguimos a Jesus, devemos nos sentir chamados a ser uma boa-nova para os pobres, seguindo seus passos. Por isso, é importante lembrar como Jesus se posiciona diante deles.

a) Abrir espaço

Jesus é alguém que "abre espaço" em sua própria vida para a dor, a solidão, a impotência daqueles que não têm lugar na sociedade. Este é um fato fundamental: Jesus, antes de oferecer ajuda, aproxima-se, abre espaço para os pobres, as prostitutas, os doentes, os possuídos por espíritos malignos, os leprosos... ou seja, para todos os que vivem no mundo sem se sentirem acolhidos por Ele. Este é o primeiro fato: Jesus se aproxima daqueles que têm todas as portas fechadas, incluindo as do Templo, daqueles que não sabem a quem recorrer quando necessitam, daqueles que encontram barreiras diárias levantadas pelos poderosos.

Nosso compromisso cristão com os pobres deve começar por "abrir espaço" em nossas vidas, em nossas preocupações, em nosso tempo, em nossa comunidade cristã para aqueles que não têm um lugar decente na sociedade.

b) Defender os fracos

Esta é outra característica fundamental de Jesus: sempre defender os fracos, aqueles que vivem sobrecarregados com o peso da própria vida, do esquecimento, da doença, da miséria e da solidão. Os que estão desamparados. Os que não podem cuidar de si mesmos. Nós falamos de "pobres", mas Jesus muitas vezes fala dos "pequenos", daqueles que não têm poder ou força para se defender, daqueles que não são "grandes" em nada.

A atuação de Jesus é conhecida: Ele rompe barreiras sociais, senta-se à mesa com os marginalizados, toca os leprosos, cria comunicação, reabilita, lembra a todos a dignidade de cada homem e de cada mulher. Este é outro fato fundamental. Os exegetas e os estudiosos resumem a ação de Jesus da seguinte forma: Dodd fala do "inédito interesse de Jesus pelos perdidos"; E. Bloch lembra a "tendência de Jesus pelos mais fracos"; L. Boff ressalta que Jesus se dirige, preferencialmente, aos "não homens"; M. Fraijó fala da "predileção de Jesus pelos fracos, por aqueles que não são capazes de cuidar de si mesmos".

O compromisso cristão começa a crescer em nós quando nos interessamos mais pelos fracos, quando, em nosso coração, nasce um desejo de defender aqueles que estão embaixo, no último lugar, quando apoiamos os fracos e nos colocamos do lado deles de maneira definitiva e comprometida.

c) Salvar os perdidos

Essa é outra característica de Jesus. Quase uma obsessão. Em suas parábolas, Jesus fala da ovelha perdida, do filho perdido, da moeda perdida. É o lema de sua vida: "O Filho do Homem veio buscar e salvar o que estava perdido" (Lc 19,10). Este é o fato: Jesus está presente onde a vida parece mais ameaçada e deteriorada. Ele se sente enviado às ovelhas perdidas da casa de Israel (Mt 15,24), ou seja, os excluídos, os últimos, os perdidos, os que a sociedade de

Israel foi deixando de fora, as pessoas abandonadas e esquecidas por seus líderes religiosos. Segundo o relato de Mateus: "ao ver as multidões, Jesus sentiu grande compaixão pelas pessoas, pois estavam aflitas e desamparadas como ovelhas que não têm pastor". Jesus entende que seus discípulos devem agir assim também: "dirijam-se às ovelhas perdidas de Israel" (Mt 10,6).

Jesus se coloca a serviço de toda a sociedade (ricos e pobres, puros e pecadores), mas começa pelos últimos. Essa é a maneira que aqueles que seguem Jesus de perto devem se situar na sociedade. Estar com os últimos, aproximar-se daqueles que vivem perdidos, defender e resgatar as vidas que estão sendo perdidas.

Essa proximidade de Jesus com os "perdidos" é feita por meio de gestos concretos de apoio, acolhida pessoal, defesa, cura, escuta, perdão, reabilitação, integração ao convívio social. Com sua atuação, Jesus revela uma "nova face de Deus". A ternura e o carinho de Deus se tornam palpáveis. Seus gestos encarnam e tornam realidade o amor do Pai pelos perdidos e desamparados. Isso foi testemunhado pelos leprosos – excluídos do convívio social –, pelos doentes mentais, pelos mendigos de Jerusalém, pelas viúvas desvalidas, pelos samaritanos discriminados como estrangeiros, pelos desamparados pela lei, pelos pecadores pelos excluídos do Templo, pelas pessoas atormentadas, pelas crianças de rua e pelos pequenos. Marcelino Legido disse que "eles o reconheceram como a mão amorosa do Pai estendida a eles". Com uma vida e seu compromisso, Jesus é para eles o sinal de que Deus não os abandona.

Este é o compromisso cristão: estar presente onde a vida parece mais deteriorada e arrasada e, por meio do serviço ao ser humano humilhado, desamparado, pobre e enfermo, anunciar que Deus é amigo da vida, da dignidade e da salvação de todo ser humano.

4 Algumas atitudes básicas na comunidade cristã

Como seguir a Jesus e levar as boas-novas para os pobres hoje? Qual pode ser nossa atitude e nosso compromisso diante da pobreza e da marginalização na sociedade contemporânea? Não darei exemplos específicos nos diversos campos. Vou falar de algumas atitudes que precisamos preservar e promover nas paróquias e comunidades.

a) Diante da idolatria do bem-estar e da austeridade

Não é necessário nos determos em longas análises. Nossa sociedade dominada pelo desejo de bem-estar e pela idolatria ao dinheiro. Na sociedade de consumo, praticamente não existem outros valores além do dinheiro, do consumo, do bem-estar, do desfrute do fim de semana, do modelo de carro mais novo, da moda... Nessa sociedade, fala-se de crise, mas os gritos daqueles que sofrem não são ouvidos. Protesta-se pela situação política, mas se vive cada vez melhor.

Devemos lembrar que existe uma atitude profundamente cristã, a primeira vivida pelo próprio Jesus encarnando entre os pobres. É o desafio de viver uma pobreza voluntária, escolhida apenas para servir ao Reino de Deus. Viver a austeridade evangélica dificulta uma grande energia libertadora. Tornamo-nos mais livres diante da sociedade de bem-estar quando essa escraviza e produz marginalização. Liberta-nos da tentação de viver em função de adquirir coisas ou do prestígio social da moda. Deixa-nos com as mãos livres para agir a serviço dos pobres.

Por outro lado, coloca-nos um pouco mais próximos dos necessitados. E também nos dá mais capacidade de estar ao seu lado, compreender seus problemas, transformar nosso coração para descobrir onde estão os verdadeiros valores da vida. A comunidade cristã deve ser uma escola de austeridade.

b) Diante do desenvolvimento de uma sociedade desumana, a defesa das pessoas

O desenvolvimento econômico só faz sentido se estiver a serviço das pessoas. Porém, quando é colocado a serviço de um setor privilegiado e se torna um dogma incontestável e um critério de medidas econômicas que marginalizam e mergulham os outros grupos desfavorecidos na pobreza, torna-se um fator de opressão e desumanização.

Não se trata de desprezar o progresso, mas de colocá-lo sempre a serviço das pessoas. Vivemos tempos em que é necessário defender a pessoa como um valor fundamental que não deve ser sacrificado por nada ou por ninguém. Nada pode justificar que os mais desfavorecidos da sociedade sejam ignorados, enquanto o restante vive cada vez melhor. Há uma frase na tradição bíblica que devemos lembrar nesta sociedade, cada um com sua responsabilidade: "Privar os pobres de comida é como assassiná-los" (Eclo 34,22). Entre nós, existem os grupos que não têm o suficiente para sobreviver, pois foram atingidos por medidas econômicas que os deixaram desempregados, por medidas jurídicas que impedem a integração de estrangeiros etc.

A reação mais comum da sociedade é a discriminação, o esquecimento dos desempregados, o preconceito aos estrangeiros, a xenofobia, a defesa da segurança do cidadão contra os detentos... Mas quem pensa nessas pessoas privadas de futuro e presas em um beco sem saída? O compromisso cristão significa sempre defender as pessoas: ajudar os desempregados, combater a discriminação, reagir contra a rejeição aos estrangeiros, defender os maltratados pela sociedade, estar com os presos, apoiar a família que está afundada em problemas. Em outras palavras, sempre buscar o bem da pessoa, defender seus direitos e sua dignidade. Esse é o clima que deve reinar em uma comunidade de seguidores de Jesus.

c) Diante de uma cultura individualista, solidariedade

Uma das características da sociedade atual é o individualismo e a insolidariedade. Todo mundo se preocupa com seu bem-estar e seu futuro. O lema é: "salve-se quem puder". Não importa o que aconteça, desde que a minha família esteja bem. Assim, surge o corporativismo egoísta: os direitos do grupo ou do setor são reivindicados. As pessoas se mobilizam quando seus interesses estão em jogo; as greves e as manifestações de outros grupos incomodam. É urgente promover uma nova consciência inspirada na solidariedade, que, segundo João Paulo II, é "a firme e perseverante determinação de lutar pelo bem comum; isto é, pelo bem de todos e de cada um, para que todos sejam verdadeiramente responsáveis por todos" (*Sollicitudo Rei Socialis*, 38).

Para alcançar essa consciência inspirada na solidariedade, é necessário despertar uma responsabilização coletiva pela situação das vítimas, incentivar uma sensibilização diante de suas necessidades, promover a integração dos marginalizados, estimular o compartilhamento, criticar a competitividade como um valor absoluto. As comunidades cristãs devem trabalhar para criar outra cultura, contribuir para promover um convívio social mais justo e mais fraterno.

d) Diante da insensibilidade das pessoas, afeto e amor próximos

A insensibilidade e a apatia crescem cada vez mais na sociedade moderna. Estamos muito longe daquela "civilização do amor" que Paulo VI desejava. O desenvolvimento da técnica, a busca pela eficiência e o desempenho e a organização burocrática dos serviços trazem consigo o risco de reprimir a ternura, o carinho e a acolhida calorosa às pessoas. Há cada vez menos espaço para o coração.

Hoje, muitas pessoas vivem a pobreza de afeto, carinho e amor. São pessoas que ninguém escuta, ninguém espera em lugar algum, ninguém acaricia nem beija. São pessoas que não desabafam com ninguém. As instituições e os serviços sociais podem atender a um tipo de necessidade material, mas não podem oferecer amizade, escuta, compreensão, amor e ternura.

Nas comunidades cristãs, devemos nos sentir chamados a "colocar o coração" nas engrenagens da vida moderna, libertar da solidão, acompanhar na depressão, aliviar os males da velhice, apoiar os desamparados.

e) Diante do fatalismo, responsabilidade e compromisso

Em poucos anos, passamos do otimismo para a decepção. A sociedade está passando por uma forte crise de esperança. O ceticismo e o pessimismo crescem a cada dia. A sociedade pede que as pessoas se sacrifiquem, mas os resultados não estão sendo vistos. Ninguém acredita mais nas promessas dos políticos. Não se espera muito dos especialistas. Não se acredita nas palavras e nos projetos.

É o momento de agir de forma responsável e comprometida, sem perder a esperança. Duas convicções devem nos encorajar: o homem não perdeu a capacidade de ser mais humano e de organizar a sociedade de maneira mais humana. O que precisamos é reagir e nos comprometermos em uma nova direção, libertando-nos de esquemas e mecanismos desumanizadores. Por outro lado, o Espírito de Deus continua agindo. Inclusive os pobres, que hoje sofrem as consequências de uma sociedade pouco humana, são "portadores de esperança", pois sua situação os faz clamar por algo realmente novo. Não se pode esperar grandes coisas dos prósperos e satisfeitos, mas sim dos pobres e daqueles que estão com eles. O importante é permanecermos junto às vítimas, apoiar sua causa, valorizar suas vidas como algo precioso e nos comprometermos a defendê-los.

5 Características de um compromisso cristão voluntário

Vou apontar alguns aspectos que ajudarão a entender o significado e o conteúdo do compromisso cristão no contexto do voluntariado social. Entre todas as definições possíveis, eu diria que um voluntário cristão é uma pessoa que, inspirada por sua fé e movida por seu amor solidário pelos desamparados, compromete-se a dedicar seu tempo livre, com a ajuda de outras pessoas, a prestar um serviço gratuito em algum lugar onde haja marginalização ou pobreza.

a) Conscientização

O ponto de partida de todo compromisso é a conscientização. O seguidor de Jesus, encorajado por Ele, começa a olhar para o sofrimento dos marginalizados de uma forma diferente, já não se sente indiferente às diversas injustiças que ocorrem diante de seus olhos, sensibiliza-se cada vez mais com as necessidades dos últimos.

Aos poucos, cresce nele o inconformismo diante de uma sociedade na qual o Reino de Deus e sua justiça estão ausentes. Ele sabe que um mundo onde não há justiça, nem mesmo como um ideal ou uma busca, não é um mundo humanizado. Aos poucos, desperta nele um desejo de viver de uma maneira diferente, trabalhando por uma vida mais humana para todos.

b) Decisão inspirada no seguimento de Jesus

A conscientização pode levar à decisão de se comprometer. A decisão do cristão não se baseia em motivos ideológicos ou interesses políticos, mas em sua determinação de seguir Jesus, abrindo caminhos para um mundo mais digno, saudável e feliz para todos, começando pelos últimos.

Esse compromisso não é um simples complemento para a sua vida. Uma espécie de *hobby*. É a expressão de uma postura de serviço que gradualmente afeta toda sua pessoa. Na realidade, o tempo dedicado ao "serviço voluntário" não pode se separar do estilo de vida da pessoa. Ser voluntário não é apenas realizar determinada atividade em um momento específico. É muito mais do que isso, é um modo de vida que aos poucos vai moldando sua personalidade.

O compromisso de um serviço voluntário marca a pessoa. Dá um sentido humano e cristão à sua vida, elimina a indiferença e a passividade diante do sofrimento dos outros, ajuda a descobrir melhor suas possibilidades, permite se sentir o protagonista da humanização da vida em alguma área, ensina a trabalhar em equipe e valores, tais como a crítica construtiva, o serviço desinteressado, a solidariedade e o trabalho criativo.

c) A entrega de tempo livre

O voluntário não dá coisas materiais, ele se doa, ou seja, oferece a sua pessoa, suas qualidades e seu trabalho. Especificamente, oferece seu tempo livre. Isso significa que ele vê esse tempo como um serviço aos outros e não como um trabalho que visa a seus próprios interesses. Na vida dessa pessoa há um tempo em que se dedica a agir apenas para ajudar os demais. Esse compromisso do voluntário introduz uma verdadeira "revolução" na concepção do tempo livre própria da sociedade competitiva e hedonista. É um "tempo para os outros", um tempo dedicado ao serviço dos fracos, um tempo comprometido com a transformação da sociedade, um tempo de denúncia prática e profética da sociedade do bem-estar que dá as costas para os marginalizados.

d) Trabalho em equipe

O voluntário cristão não age sozinho, solitário, promovendo ações individuais. Age com toda uma comunidade cristã, tornando a Igreja presente no mundo dos marginalizados. Isso não significa que seu compromisso inspirado pela fé deva ser realizado apenas em instituições ou associações da Igreja, mas também frequentemente em outras instituições de natureza não eclesiástica.

De qualquer forma, a ação do voluntário é realizada mediante o trabalho em equipe. Uma ação individual, ou em um pequeno grupo de amigos, por mais generosa e entusiasta que possa ser em um primeiro momento, termina facilmente em desânimo ou dispersão de forças; por isso, deve realizada por meio de uma associação ou instituição. Não devemos desprezar aqueles que, por conta própria, dedicam-se a ajudar os outros. Mas, em uma sociedade em que os problemas são complexos, o trabalho individual acabará sendo menos eficaz do que o trabalho em equipe.

e) Caráter permanente

O comprometimento do voluntariado exige continuidade na prestação de serviços. Trata-se de uma colaboração estável, regular, e não esporádica ou intermitente. Existem pessoas que, por diversas razões, só podem se comprometer em ações específicas. Certamente, essa colaboração pode ser muito valiosa e necessária. Mas, se se deseja prestar um serviço eficaz, é necessário contar com voluntários que assumam um compromisso permanente.

Por outro lado, esse caráter estável do compromisso é importante, pois engaja a pessoa com mais força, ajuda a conhecer mais profundamente os problemas e suas raízes, permite maior experiência e capacitação.

f) Serviço gratuito

Outra característica do compromisso voluntário é o fato de ser gratuito. O voluntário escuta em seu coração o convite de Jesus: "de graça recebestes, de graça dai" (Mt 10,8). Essa gratuidade não é apenas uma característica admirável de seu amor generoso e desinteressado. É um gesto que convida a uma "cultura alternativa". Esse trabalho realizado de maneira gratuita quebra a dinâmica consumista e competitiva. Em uma sociedade na qual tudo tem um preço, essa gratuidade é um gesto de protesto que questiona o valor absoluto das coisas materiais. Dinheiro não é tudo. Podemos servir aos outros de uma maneira nova e diferente. Por outro lado, como podemos retribuir a escuta, a proximidade e a amizade oferecida aos pobres? Como o amor pode ser pago?

g) Vida solidária

Todo o comprometimento do voluntário é motivado, orientado e realizado pelo senso de solidariedade. João Paulo II descreve, em sua encíclica *Sollicitudo Rei Socialis*, quatro momentos no processo de "tornar-se solidário": sentir os males de tantas pessoas próximas ou distantes; tomar consciência da interdependência que existe entre os homens e entre povos; chegar à "firme convicção" de que o que impossibilita um desenvolvimento mais humano é o desejo de lucro e a sede de poder; finalmente, ter "a firme e perseverante determinação de lutar pelo bem comum; isto é, para o bem de todos e cada um, de modo que todos nós sejamos verdadeiramente responsáveis por todos" (n. 38).

A pessoa comprometida em um trabalho voluntário vai amadurecendo na vida solidária: sente as necessidades dos outros como suas; sente-se responsável pelo bem dos outros; é capaz de lutar pelos outros; sabe defender algo para o benefício dos outros, não para si próprio; em vez de competir, compartilha; em vez de ter obsessão por ganhar, sabe dar e ajudar. Gradualmente, sua vida se torna cada vez mais fraterna e solidária.

h) Formação adequada

Para viver o compromisso de servir aos marginalizados de forma responsável, boa vontade não é suficiente. É necessária uma preparação adequada. Uma formação inicial para se capacitar e um treinamento contínuo para continuar se atualizando e desenvolvendo a capacitação inicial. É conveniente que essa formação seja realizada não apenas na teoria, mas também em contato com a problemática específica em que o voluntário trabalha. Também não deve ocorrer de maneira individual e isolada, mas em grupo.

O documento "A Igreja e os pobres", publicado pela Comissão Episcopal de Pastoral Social em fevereiro de 1994, soube descrever o trabalho do voluntário de maneira muito expressiva. Diz assim:

> o voluntariado é portador de uma cultura da gratuidade e da solidariedade em meio à nossa sociedade competitiva, interessada e pragmática, hedonista, insolidária e individualista. Os voluntários sociais, por não terem outra motivação em seu trabalho, além de respeito e amor pelos seus semelhantes, representam um grito profético em favor da fraternidade e da solidariedade, testemunhando, dia após dia, que a última palavra não deveria estar na troca nem na contraprestação, mas no reconhecimento do outro e de suas necessidades.
>
> Nossa sociedade e nossa Igreja precisam de um verdadeiro exército de voluntários, não para a guerra, o ódio ou a violência, mas para a paz, a justiça e o amor; precisam de um exército de voluntários sociais que se interessem e se preocupem em acolher, cuidar, ouvir, orientar, ajudar, apoiar e encorajar todos os cidadãos e irmãos que a sociedade discrimina e maltrata (n. 85).

8
Introduzir o Evangelho na prisão

Embora as igrejas diocesanas se preocupem em realizar a ação evangelizadora entre os detentos, especialmente se houver um complexo penitenciário em sua região, existem paróquias e comunidades cristãs que vivem longe dos problemas dos detentos, mesmo que haja moradores dessa área presos em alguma penitenciária. Neste capítulo, proponho uma reflexão modesta com o objetivo de ajudar a entender e desenvolver a ação evangelizadora como um serviço de reconciliação no mundo dos detentos.

Começo apresentando uma visão simples que nos permita entender melhor a realidade da prisão e o perfil das pessoas que estão presas em nossas penitenciárias. Depois, recordarei brevemente a concepção cristã de reconciliação, resumida por Paulo: "Deus estava em Cristo reconciliando consigo o mundo, não imputando aos homens as suas transgressões". Em seguida, veremos que a experiência do prisioneiro não é essa; ele conhece apenas uma sociedade que o está acusando pelos crimes que cometeu.

Mais adiante, explicarei brevemente o perdão e a acolhida de Jesus, que deve inspirar nossa ação evangelizadora, e, em seguida, darei algumas dicas para entender e desenvolver a ação evangelizadora na prisão como um serviço de reconciliação. Especificamente, definirei a pastoral carcerária como uma pastoral da acolhida que convide o preso a se reconciliar com Deus; uma pastoral de acompanhamento que o ajude a viver um processo de reconciliação consigo mesmo; uma pastoral de conscientização social que promova uma reconciliação da sociedade com seus prisioneiros; uma pastoral que promova a reconciliação e a reparação entre a vítima e o agressor como uma alternativa ao atual sistema penitenciário.

Terminarei indicando brevemente os principais objetivos da ação evangelizadora a serviço dos presos: sensibilização da comunidade cristã e da sociedade em geral, promoção e formação de evangelizadores no mundo dos detentos, serviço de libertação de prisioneiros e de defesa de seus direitos, presença evangelizadora dentro do centro penitenciário, atenção à família do preso e assistência pós-prisão.

1 Realidade da prisão

Para começar, parece-me necessário apresentar alguns dados que nos permitam entender a realidade da prisão em nossa sociedade. Não pretendemos descrever a situação em termos sociológicos. O que nos interessa é conhecer melhor o perfil dos prisioneiros masculinos e femininos de nossas prisões e o complexo mundo da prisão. Somente assim poderemos escutar sua interpelação e seu chamado à evangelização.

O perfil dos presos

O perfil geral dos presos em nossas prisões é definido pelos seguintes dados básicos.

• O *desemprego* é o ponto de partida e a expectativa de futuro que muitos aguardam. Na origem da vida criminosa de muitos é possível constatar fracassos escolares, baixo nível cultural e, acima de tudo, desemprego.

- A *dependência de drogas* é um gatilho para que muitos entrem para a vida do crime. Uma alta percentagem dos detentos é viciada em drogas ou estão presos por crimes relacionados com as drogas.

- A *precocidade* no cometimento do primeiro ato do detento. A população carcerária é composta, principalmente, por jovens de um ambiente social marginalizado ou de um ambiente familiar conflituoso ou desestruturado.

- A *reincidência* na prática de crimes e a prisão recorrente. Um número importante de detentos, longe de entrar em uma dinâmica de reabilitação, reincidem no crime, seguem um caminho de deterioração progressiva e parecem condenados pela vida a viver na prisão, excluídos do convívio social.

- As *doenças* são uma realidade grave e preocupante. Uma alta percentagem dos detentos é viciada em drogas, muitos sofrem de distúrbios psíquicos e mentais, e outra parte sofre de outros tipos de doenças.

- O número de prisioneiros *estrangeiros* continua crescendo como resultado dos fluxos migratórios. A situação pessoal desses detentos é agravada pela falta de ambiente familiar, desconhecimento da língua e afastamento de sua própria cultura.

- Geralmente, o *tempo de estância* na prisão é superior a um ano. Para muitos jovens, esse tempo na prisão se torna uma "escola do crime" e um fator determinante para o cometimento de novos crimes.

A despeito da complexidade e da variedade da população carcerária, podemos concluir que, em nossas prisões, o perfil dos detentos é o seguinte: jovens de nível cultural muito baixo, desempregados, marcados pelo estigma de um ambiente familiar deteriorado e miserável, escravos de substâncias tóxicas, com doenças físicas e psíquicas e com histórico de reincidências. O perfil desses jovens reflete a dor, a impotência e o desamparo daqueles que, na prisão, reivindicam e esperam as boas-novas de Jesus Cristo.

2 Os complexos penitenciários

Não é minha intenção analisar a política penitenciária, mas apontar alguns fatos que estão na origem da maioria dos problemas humanos observados nas prisões.

- O isolamento e a opacidade do sistema penitenciário e sua desconexão com o restante da sociedade. A maioria da população desconhece o que acontece nas prisões; a sociedade está preocupada, principalmente, em se proteger dos detentos, não está interessada em saber quem são os detentos. Por outro lado, frequentemente, a concepção e o funcionamento da prisão não favorecem apenas o isolamento, o desconhecimento e a falta de transparência. Conhecer o sofrimento da população carcerária não é fácil para a cidadania.

- Não há meios suficientes para atender às necessidades de uma população carcerária tão grande. Essa situação cria problemas de convivência e faz com que as instalações, as equipes de profissionais e os serviços técnicos, muitas vezes, fiquem sobrecarregados.

- As deficiências organizacionais das mais diversas naturezas fazem com que aspectos muito importantes nem sempre sejam devidamente atendidos, tais como assistência médica, a atividade laboral dos presos, a oferta educacional ou a reinserção social.

- O consumo de drogas, a falta de higiene, as doenças infecciosas (hepatite, tuberculose, Aids), muitas vezes, transformam a prisão em foco de doenças. Por outro lado, o confinamento prolongado gera, em muitos casos, uma deterioração que favorece a perda da autoestima e a desestruturação da pessoa.

• Em geral, é fácil constatar a enorme lacuna que existe entre a legislação vigente e a realidade das prisões no que diz respeito a aspectos tão importantes e básicos como a reintegração social, a atenção à saúde dos detentos, seu direito ao trabalho, a necessidade de celas individuais, a separação dos presos de acordo com suas diferentes situações penais e a atenção individualizada a cada pessoa.

Todos esses fatores podem contribuir para destruir a dignidade e os valores mais ricos da pessoa, favorecendo a humilhação, o isolamento, a solidão, a prostração, a amoralidade e a desesperança.

3 O serviço de reconciliação

a) A visão cristã da reconciliação

Toda reflexão cristã sobre a reconciliação deve ter como ponto de partida as seguintes palavras de São Paulo: "Tudo isso provém de Deus, que nos reconciliou consigo mesmo por intermédio de Cristo e nos concedeu o ministério da reconciliação. Pois Deus estava em Cristo reconciliando consigo mesmo o mundo, não levando em conta as transgressões dos seres humanos, e nos encarregou da mensagem da reconciliação. Portanto, somos embaixadores de Cristo, como se Deus o exortasse através de nós. Em nome de Cristo, imploramos: reconciliem-se com Deus!" (2Cor 5,18-20).

• *A iniciativa reconciliadora de Deus.* Em Jesus, um rosto até então inédito de Deus nos é revelado. Deus não é justo nem vingativo, e sim reconciliador. Ele não queria que o ser humano vivesse em conflito permanente, escravo de suas contradições e injustiças. É por isso que Deus não respondeu ao mal com vingança, nem mesmo com sanção e punição. Ele foi o primeiro a "derrotar o mal com o bem" (Rm 12,21).

Na origem dessa iniciativa reconciliadora de Deus existe apenas amor incondicional. Deus não exige nada como condição ou pré-requisito. Ele oferece sua amizade quando, entre os seres humanos, ainda não exista nada além de inimizade e rejeição. "Quando éramos inimigos, fomos reconciliados com Deus pela morte de seu Filho" (Rm 5,10). O que reconcilia o homem com Deus é seu amor incondicional, que "não leva em conta as transgressões". Rejeitado pelos homens, Deus não os rejeita. Crucificado por eles, não os destrói. Deus responde à agressão com perdão e nos reconcilia derramando não o sangue dos homens, mas seu próprio sangue. A cruz de Cristo é, portanto, o sinal definitivo da reconciliação oferecida por Deus: "A prova de que Deus nos ama é que Cristo, enquanto ainda pecadores, morreu por nós" (Rm 5,8).

• *A destruição da injustiça por meio do perdão e da transformação pessoal.* Para Deus, a ação reconciliadora não significa ser indiferente às injustiças que seus filhos cometem ou esquecer as vítimas. Pelo contrário, a reconciliação com Deus só é possível eliminando a injustiça. Cristo veio para "tirar o pecado do mundo" (Jo 1,29). A reconciliação nunca significa inibição diante do mal ou passividade diante das injustiças, mas a criação de um "novo homem" (Ef 2,15), "Criado, segundo Deus, na justiça e na santidade da verdade" (Ef 4,24).

Mas a reconciliação pressupõe a destruição da injustiça por um caminho sem precedentes: o perdão incondicional de Deus e a transformação da pessoa. Na sua origem, está a misericórdia inesgotável de Deus, que perdoa "setenta vezes sete" (Mt 18,22). Esse perdão é uma fonte permanente de reconciliação. Mas Deus nunca impõe nada, nem mesmo a reconciliação. Sempre respeita a liberdade humana. Seu perdão é um chamado à conversão. É o ser humano quem deve responder à iniciativa reconciliadora de Deus com sua própria transformação. Nesse encontro do Deus que perdoa e do homem que se converte, a injustiça é superada.

• *A reconciliação com Deus, fundamento e exigência da reconciliação entre os homens.* Uma vez superada a inimizade com Deus, é possível erradicar a inimizade entre os homens. Uma vez aberto o acesso a um Deus Pai, fica aberto o acesso à fraternidade, porque "por meio dele (Cristo), temos acesso ao Pai em um mesmo Espírito" (Ef 2,18). Se Deus acolhe a todos nós como Pai, oferecendo-nos seu perdão reconciliador, então todos nós podemos nos acolher como irmãos, oferecendo perdão um ao outro. A partir dessa convicção cristã, São Paulo entende que a inimizade entre os homens foi radicalmente superada e, especificamente, entre o povo de Israel e o povo gentio. "Ele fez dos dois povos apenas um, destruindo o muro de inimizade que os separava [...] Dos dois povos, Ele criou em si mesmo uma nova humanidade, restaurando a paz" (Ef 2,14-15).

A reconciliação com Deus não só torna possível a reconciliação dos homens entre si, mas a exige. Não é possível viver como filhos reconciliados com o Pai sem nos esforçarmos para viver como irmãos reconciliados. Entende-se o pedido de Jesus: se não estiver reconciliado com seu irmão, "deixe a sua oferenda diante do altar e vá se reconciliar com seu irmão, depois volte e apresente a sua oferenda" (Mt 5,23-24). A reconciliação com Deus exige que trabalhemos por uma sociedade mais reconciliada, pelo perdão mútuo e pela transformação das pessoas.

b) O ordenamento jurídico-penal

Uma vez julgado e condenado, o detento não desfrutará de um ambiente de reconciliação. Pelo contrário, na prisão, a sociedade não reconcilia o prisioneiro, e sim aponta seus crimes. O ordenamento jurídico penal não é, como é evidente, motivado pela atitude de perdão ou busca a reconciliação da pessoa condenada consigo mesma, com a vítima, com a sociedade e, menos ainda, com Deus.

• *A imposição da pena.* Ao considerar os propósitos da pena, geralmente, fala-se em retribuição, prevenção especial e prevenção geral[61].

Do ponto de vista da retribuição, a pena visa a compensar, equilibrar e redimir a culpa incorrida pelo crime cometido, independentemente de outros efeitos sociais que possa haver. Embora essa teoria esteja profundamente enraizada, hoje, considera-se que o propósito do direito penal não é a justa retribuição do mal provocado pelo crime por meio do mal da pena. O objetivo da pena é, na verdade, contribuir para uma convivência justa e pacífica na sociedade.

Do ponto de vista da prevenção individual, o propósito da pena é prevenir eventuais crimes que o condenado possa cometer no futuro. Portanto, ressalta-se a importância de que a pena contribua para a "ressocialização", a "reintegração" e a "integração" do preso na sociedade.

Do ponto de vista da prevenção geral, o propósito da pena também é prevenir a prática de crimes na sociedade, não apenas por parte do condenado, mas em geral. Pressupõe-se que a pena servirá como uma punição ou intimidação que afastará ou impedirá os cidadãos de cometer possíveis crimes.

Portanto, o ordenamento jurídico penal não contempla o conceito de perdão nem a finalidade da reconciliação, embora se diga que a pena busque a ressocialização do preso.

---

61. Para tudo o que se segue, cf. ECHANO, J.I. "Perspectiva jurídico-penal del perdón". In: *El perdón en la vida pública*. Bilbao: Universidad de Deusto, 1998, p. 107-122.

- *Merecimento e necessidade da pena.* Ao falar da imposição da pena é necessário lembrar que, para que seja legítima, essa deve ser não apenas merecida, mas também necessária. Ou seja, a pena é legítima quando não há outros meios menos lesivos que possam ser usados para alcançar a "paz jurídica" ou a convivência pacífica e justa na sociedade. A pena deve infligir o mínimo sofrimento necessário para cumprir seu propósito.

É importante lembrar que o direito penal se preocupa com o bem do prisioneiro. A pena não tem apenas a função de prevenir crimes, mas também de prevenir sanções arbitrárias ou desproporcionais. O direito penal não é um tipo de substituição da vingança privada ou de um cumprimento social da lei de talião: "olho por olho, dente por dente". Por isso que o direito penitenciário, na execução de sentenças, proíbe tratamentos desumanos ou degradantes e qualquer acinte sem necessidade contra a dignidade da pessoa.

- *Ressocialização do detento?* Considerando que a pena também visa a prevenir possíveis crimes do condenado no futuro e como, por outro lado, devem-se buscar os meios que sejam menos lesivos para o infrator, é normal que, na legislação penitenciária de quase todos os países, fale-se em conseguir a "ressocialização do detento".

Essa ressocialização exige, na prática, que as sentenças privativas de liberdade não causem uma dessocialização ainda maior do prisioneiro, mas que contribuam adequadamente, e com meios efetivos, para sua reintegração social. Hoje, existe um ceticismo generalizado quanto à ressocialização do detento no sistema penitenciário. Esse ceticismo não se deve apenas aos poucos resultados obtidos, mas também a objeções de fundo. Por um lado, parece contraditório pretender reintegrar socialmente aquele que foi afastado da sociedade por meio da prisão. Por outro, a pena imposta ao detento é uma intervenção externa que, por si só, dificilmente alcançará mudanças fundamentais na personalidade do condenado, em seu esquema de valores ou em sua atitude diante da vida.

Portanto, na prática, o que atualmente se defende em larga escala é eliminar ou reduzir ao máximo a privação da liberdade para aqueles que cometeram crimes de pequena ou média gravidade, para evitar, ou pelo menos limitar, seus efeitos quando voltem para o convívio social.

Dessa forma, após o julgamento e a condenação, o condenado se encontra em uma situação jurídico-social na qual a experiência do perdão está ausente e não favorece um processo de reconciliação. Por outro lado, a rejeição daqueles que foram vítimas de seus crimes e a marginalização social podem levar o condenado a assumir uma postura de antirreconciliação.

c) O perdão-acolhida de Jesus

Seria um erro de anacronismo pretender reconstruir a atuação de Jesus no contexto do sistema jurídico criminal de seu tempo para extrair consequências para os nossos dias. Mas, por outro lado, não é para analisar a atuação de Jesus com pecadores e detentos, porque "Deus reconciliou o mundo com Ele" (2Cor 5,19), e sua atuação também pode inspirar, hoje, o nosso trabalho de reconciliação.

• *O perdão acolhedor de Jesus.* Somente em duas cenas os evangelistas apresentam Jesus perdoando os pecados; ao paralítico: "Seus pecados são perdoados" (Mc 2,5), e à mulher pecadora: "Seus pecados estão perdoados" (Lc 7,48). De acordo com esses relatos, pode parecer que Jesus perdoa ao absolver os pecados. Este "perdão na absolvição", embora seja muito importante, ainda não revela a coisa mais decisiva, pois eu poderia continuar sugerindo que Deus é um juiz, tudo o que é justo e compreensivo, mas um juiz, no final das contas. Como observa J. Sobrino, nessa visão do perdão, "pecador e juiz, perdoado e perdoador [...] permaneceriam alheios um ao outro"[62]. É muito reconfortante descobrir que Deus é um juiz que absolve, mas isso ainda não nos revela tudo o que significa o amor reconciliador de Deus.

Em contraste com essas duas cenas, há um fato histórico admitido por todos: Jesus acolhe os pecadores e come com eles (Mc 2,15-17 = Mt 9,10-12 = Lc 5,29-32; 5,12; 19,1-10). Esse costume de comer com pecadores e com o povo, excluídos pela teologia oficial de toda comunhão, é uma parábola que oferece uma nova e desconcertante experiência de Deus. Sem esperar pelo seu arrependimento e sua conversão, Jesus os acolhe em um banquete que pressupõe e antecipa sua participação na festa final com Deus[63]. Esse perdão inclui, de acordo com a absolvição, mas é muito mais do que perdão, pois revela o amor livre e incondicional de Jesus (e de Deus), que "sai em busca do pecador, sem esperar por ele como juiz"[64]. O perdão-acolhida revela que Deus se aproxima do pecador com seu perdão e sua misericórdia, não com sua santidade e justiça.

• *A importância do perdão-acolhida.* Esse perdão-acolhida, e não apenas a absolvição, é central para a ação messiânica de Jesus e tem profundas consequências.

- Em primeiro lugar, é o gesto evangelizador que permite revelar Deus em sua dimensão de gratuidade e amor incondicional ao pecador. Por isso, na Parábola do "Bom pai" que Jesus propõe para justificar seus banquetes com os pecadores (Lc

---

62. SOBRINO, J. *El principio-misericordia*. Op. cit., p. 142.
63. AGUIRRE, R. *La mesa compartida*. Op. cit., principalmente p. 58-121.
64. SOBRINO, J. *El principio-misericordia*. Op. cit., p. 142.

15,1-2.11-32), Deus não é representado como um juiz que ouve a confissão do pecador, leva em consideração seu arrependimento e se inclina à absolvição, mas como um pai que não quer ouvir a confissão do filho, e sim que o recebe com alegria na festa, porque o sente como um filho perdido.

- Por outro lado, esse perdão-acolhida produz no pecador uma verdadeira transformação pessoal. Ele descobre sua verdade de pecador e o convida à conversão. A acolhida do perdão é o que lhe dá forças para se reconhecer como pecador e mudar radicalmente. Como disse K. Rahner, "Somente o perdoado se reconhece como um pecador". O episódio de Zaqueu é significativo, já que, segundo o relato que consta no Evangelho de Lucas (19,1-10), quando é acolhido por Jesus, sente o chamado para reparar seus crimes e transformar sua vida.

- O perdão-acolhida também liberta o pecador do desprezo e da marginalização social, bem como restaura sua dignidade perdida. Se for acolhido por Deus, ninguém tem o direito de rejeitá-lo. Jesus rompe para sempre com a ideia de um "povo santo", ao qual pertencem apenas os justos, que podem apresentar uma conduta impecável e da qual os pecadores são excluídos. Com seu gesto, Jesus promove a reintegração dos excluídos, rompendo as barreiras com as quais o povo de Deus tentou proteger sua santidade. Dessa forma, "o perdoado abre um futuro novo e positivo horizonte para o pecador, abre-lhe um espaço social diante dos outros, bem como um espaço interno para si mesmo"[65].

- Por último, é evidente que, com seu gesto, Jesus está questionando o sistema jurídico religioso judaico, que estabelecia

---

65. Ibid, p.145

o processo que o pecador ou o impuro devem seguir rigorosamente para poder se integrar novamente à comunidade sagrada. Ao acolher os publicanos, ao perdoar a prostituta ou absolver o paralítico, Jesus está oferecendo o perdão de Deus sem que esses tenham confessado seus pecados ou se aproximado do Templo para oferecer as vítimas e sacrifícios prescritos para obter o perdão. Embora sejam proibidos de ter acesso ao Deus do Templo, eles sempre serão acolhidos pelo Deus revelado em Jesus.

- Antes de prosseguir, uma pergunta parece inevitável: O perdão-acolhida é oferecido hoje pela Igreja, por meio, acima de tudo, do Sacramento da Reconciliação, mas onde o perdão-acolhida se torna realidade? Onde são oferecidos sinais ou gestos de acolhida aos pecadores antes mesmo que eles confessem seus pecados ou expressem seu arrependimento? A evangelização no mundo do crime e da prisão não será um dos lugares privilegiados para promovê-la?

4 O ato evangelizador na prisão como um serviço de reconciliação

Minha intenção é justamente apontar brevemente algumas chaves que nos permitam entender e desenvolver a pastoral carcerária como um serviço de reconciliação nos dias de hoje. O Deus que estava em Cristo reconciliando o mundo consigo e não imputando aos homens suas transgressões nos confiou o ministério da reconciliação precisamente em um lugar sociológico no qual um grupo de pessoas consideradas criminosas ou pecadoras públicas (embora muitas sejam apenas vítimas da miséria, da marginalização, da cultura, do desenraizamento ou da doença) apenas experimentam a condenação, a rejeição e a marginalização social.

a) Reconciliação com Deus (pastoral da acolhida)

Em minha opinião, o ato evangelizador na prisão deve começar e deve ter como objetivo decisivo oferecer aos presos a experiência do "perdão acolhedor". Os condenados pela sociedade devem saber que são acolhidos por um Deus que os aceita e os ama incondicionalmente. Enquanto o sistema penitenciário os lembra constantemente dos crimes que cometeram e estrutura sua vida como um transgressor condenado pela sociedade, a pastoral carcerária deve ser um ato evangelizador que os lembra permanentemente do perdão de Deus e lhes oferece um espaço para viver a experiência de ser aceitos por Ele.

Isso significa que a pastoral carcerária deve ser fundamentalmente uma pastoral da acolhida e defesa do detento, no qual as atividades, as intervenções, o estilo de atuação, os gestos, tudo deve ser motivado e inspirado por uma atitude de respeito, proximidade, escuta, compreensão e empatia, e nunca por julgamento, condenação, rejeição, distanciamento ou desprezo. Na pastoral carcerária, os gestos dos evangelizadores, seu estilo de agir, seu posicionamento diante de vários problemas e conflitos devem ser, de alguma forma, uma parábola do perdão acolhedor de Deus, assim como foi a atitude de Jesus ao compartilhar a mesa com os pecadores.

Essa experiência do perdão de Deus deve configurar e marcar decisivamente a assistência religiosa ao prisioneiro, a celebração da fé e a proclamação explícita do Evangelho. Na prisão, o perdão de Deus deve ser anunciado, mas não como um dos traços de Deus entre outros possíveis, e sim como o traço que expressa melhor seu mistério de bondade ilimitada, em oposição à sociedade que os julga e os condena, ou seja, o perdão e o perdão incondicional. Deus os ama como são, mesmo antes de reconhecerem seus pecados ou se arrependerem. Todo prisioneiro deve ter a possibilidade de se reconhecer como pecador, mas como um pecador acolhido e salvo por Deus. O Papa Francisco, em sua homilia aos prisioneiros no Jubileu da Misericórdia (6 de novembro de 2016), fala do Deus da esperança e diz: "Portanto, se Deus nos espera, a esperança não poderá ser tirada de ninguém, porque é a força para seguir em frente; a tensão em direção ao futuro para transformar a vida: o estímulo para o amanhã, para que o amor com o qual nos ama possa ser um novo caminho, apesar de tudo".

b) Reconciliação pessoal (pastoral do acompanhamento)

A acolhida do perdão possibilita a transformação interior da pessoa. O crime ou o pecado não têm a última palavra. Essa é a boa-nova que os evangelizadores devem levar para a prisão. Existe um novo futuro à disposição de todos os detentos, seja lá como se chame: conversão, arrependimento, reabilitação, ressocialização etc. Francisco disse aos prisioneiros: "Às vezes, por hipocrisia, vocês são vistos apenas como pessoas que cometeram erros, para os quais o único caminho é a prisão. Não pensam na possibilidade de que possam mudar de vida, há pouca confiança na reabilitação". É necessário confiar. Não devemos cair na resignação nem na ingenuidade. O caminho pode ser difícil e árduo, mas é sempre possível dar passos em direção à recuperação da dignidade.

Isso significa que a pastoral carcerária deve ser uma pastoral de acompanhamento no processo de recuperação pessoal do detento. Em um sistema penitenciário sem capacidade de reabilitar o condenado, o ministério penitenciário deve ser um apoio pessoal para que o preso não despreze a si mesmo, cure suas feridas do passado, recupere sua dignidade perdida e adote uma nova atitude com relação à vida. Esse acompanhamento não é fácil. Na prisão, mais do que culpa, há doenças sociais e deterioração humana. Muitos prisioneiros, escravos das drogas, com a saúde deteriorada, privados de afeto, com um horizonte incerto, sem a segurança de serem protegidos por alguém, abandonados à própria sorte precisam manipular quem se aproxima deles, mentindo, enganando ou se aproveitando. Como pensar nos processos de reabilitação? Portanto, não é fácil acompanhá-los se não for por meio de uma atitude de amor incondicional e gratuito.

Não se trata apenas de acompanhamento pessoal. Ao mesmo tempo, a pastoral carcerária precisa lutar para que o detento receba os meios necessários para sua reabilitação: tratamento médico, assistência psicológica, apoio social, gerenciamento de licenças, tratamentos terapêuticos, liberdade condicional, aplicação de medidas para aqueles que têm direito...

c) Reconciliação social (pastoral da conscientização social)

Normalmente, a sociedade e também, em grande parte, as comunidades cristãs adotam uma atitude de indiferença e esquecimento diante da problemática do cárcere. Os prisioneiros praticamente não interessam a ninguém. Eles não entram no horizonte da solidariedade social. Normalmente, dois princípios funcionam: o da "segurança cidadã", segundo o qual a sociedade deve se proteger contra o infrator, e o da justiça estrita, segundo o qual "aqui se faz, aqui se paga". Tudo isso sem analisar as causas que estão na origem do crime e sem levar em conta os efeitos da prisão na destruição progressiva e na marginalização social dessas pessoas.

Nesta sociedade, a pastoral carcerária deve promover o "princípio-misericórdia" diante da problemática da prisão. A terminologia, como é conhecida, é de J. Sobrino[66], e deve ser brevemente explicada. Não se trata de fomentar sentimentos de compaixão que, geralmente, não se materializam na prática, nem de promover apenas "obras de misericórdia" que possam ser realizadas sem analisar as causas do sofrimento, nem de aliviar casos individuais que ignorem a transformação das estruturas. Para evitar este tipo de mal-entendido, Sobrino fala não apenas de misericórdia, mas do "princípio-misericórdia". Trata-se de um princípio de atuação que orienta nossos sentimentos, nossas atitudes e nossas reações em uma determinada direção de misericórdia. Mais especificamente, o princípio-misericórdia consiste em internalizar o sofrimento alheio até senti-lo próprio, de certa maneira, de tal forma que a internalização desse sofrimento se transforme em um princípio interno e eficaz de atuação para eliminá-lo ou, pelo menos, aliviá-lo. Isso é, de acordo com Sobrino, reagir com misericórdia ou agir com base no princípio-misericórdia.

Dessa forma, a pastoral carcerária deve ser uma pastoral de sensibilização e conscientização social. A sociedade deve conhecer o sofrimento injusto produzido pelo sistema penitenciário atual e que se materializa na prisão: devemos internalizar socialmente esse sofrimento de um coletivo que faz parte da sociedade; devemos reagir para erradicá-lo, abordando o problema da prisão, provocando um debate sociopolítico e buscando eficientemente algumas alternativas sociais. A pastoral carcerária deve atuar como um fator de conscientização que contribua, juntamente com outras instâncias, para a promoção de uma mudança no sistema de justiça criminal e na classe política. Sua tarefa é levar o clamor dos detentos à sociedade, sabendo que a sociedade tolera e até aplaude "as obras de misericórdia" realizadas com os presos, mas que, muitas vezes, rejeita uma ação evangelizadora estabelecida pelo "princípio-misericórdia".

---

66. Ibid., p. 32.

d) Conciliação e reparação entre a vítima e o agressor (PAR)

Nos últimos anos, têm crescido o interesse e o apoio ao "Projeto Alternativo sobre Reparação (PAR)", que foi elaborado em 1992 por um grupo de juristas alemães, suíços e austríacos[67]. Simplificando, consiste em resolver o ato punível por meio da mediação do conflito entre a vítima e o agressor. Ou seja, a vítima e o agressor diretamente envolvidos no crime buscam uma solução que supere as consequências desse crime, chegando a um acordo ou uma conciliação.

A crescente acolhida a essa alternativa de conciliação se deve, principalmente, a dois fatores: por um lado, ao desenvolvimento da vitimologia como disciplina científica está contribuindo para conceder às vítimas um maior destaque no processo penal. Sabe-se que, de acordo com o direito penal atual, a instituição pública relega as vítimas e se encarrega diretamente da imposição das penas. Simplificando, o conflito interpessoal entre vítima e agressor é despersonalizado e socializado. Sem dúvida, isso é positivo e razoável, pois evita possíveis reações de vingança ou a imposição de sanções arbitrárias e desproporcionais, mas, por outro lado, corre-se o risco de que as vítimas sejam excessivamente esquecidas, seus direitos não sejam reconhecidos ou os danos sofridos não sejam reparados. Alguns dizem que, atualmente, no direito penal, está ocorrendo a "redescoberta da vítima". Por outro lado, como dissemos acima, a ideia da ressocialização dos pecados mediante a prisão está em crise. A prisão não ressocializa o detento. Por isso, a necessidade, cada vez mais forte, de buscar caminhos alternativos voltados para uma intervenção criminal que não estigmatize ou marginalize o condenado e que crie condições objetivas que favoreçam a reabilitação.

---

67. Cf. ECHANO, J. "Perspectiva jurídico-penal del perdón". Op. cit., p. 141-160.

O caminho proposto para solucionar o crime é o seguinte: Os que estão diretamente envolvidos resolvem o conflito interpessoal acarretado pelo crime: o autor reconhece a vítima como um sujeito de direitos, assume a responsabilidade pelo dano causado e se compromete a repará-lo; a vítima, por sua vez, aceita a reparação como sendo suficiente e considera o conflito resolvido. A reparação acordada dessa forma não só reconcilia o autor e a vítima (dimensão pessoal), mas também representa seu retorno à legalidade por meio de uma negociação (dimensão social) que elimina, ou pelo menos diminui, a necessidade de uma intervenção criminal.

As vantagens desse meio de conciliação são inquestionáveis. Por um lado, os direitos da vítima são considerados e garantidos. Por outro lado, contribui diretamente para a ressocialização do detento, pois o confronta com as consequências de seu crime, ajuda-o a tomar consciência dos danos causados a outras pessoas, obriga-o a assumir sua responsabilidade, é reconhecido como uma pessoa capaz de resolver o conflito criado pelo seu crime e são criadas condições objetivas que lhe permitam recuperar sua dignidade pessoal perante a vítima e a sociedade.

Essa conciliação-reparação é proposta como um caminho que deve ser inserido na sociedade, a fim de atenuar ou até mesmo suspender a execução da sentença. Mas não é fácil introduzir este procedimento. E foi em processos jurídicos de casos menores que a maioria das experiências foram realizadas, especialmente na Catalunha.

A pastoral carcerária deve, sem dúvida, apoiar esse caminho e outros que ofereçam alternativas reais ao sistema penitenciário, consistentes com a mensagem cristã de conciliação. Na declaração final do 10º Congresso Mundial da Pastoral Carcerária, realizado no México de 11 a 17 de setembro de 1999, diz o seguinte no n. 3: "Consideramos a justiça restaurativa e todas as formas de conciliação entre vítima e agressor, baseadas em uma comunidade (sempre que possível), um método apropriado e consistente com a mensagem da esperança bíblica".

Não se trata apenas de apoiá-la teoricamente. A pastoral carcerária é, provavelmente, uma das instâncias sociais mais qualificadas para promover experiências de conciliação que podem criar uma cultura conciliadora e abrir caminho para a justiça restaurativa. Quem melhor que a pastoral carcerária para reunir a vítima e o agressor para motivar e sustentar a comunicação e o diálogo entre eles, a fim de restaurar a confiança mútua ou oferecer um ambiente e umas condições adequados para a conciliação? Sem dúvida, não é um desafio nada fácil. Mas, em minha opinião, é um dos gestos proféticos mais evangélicos que as comunidades cristãs poderiam oferecer ao atual sistema penitenciário.

5 Objetivos da pastoral carcerária

Delinearemos agora os principais objetivos que podem ser estabelecidos para a pastoral carcerária, destacando especialmente aqueles que devemos perseguir com maior urgência, devido à situação em que muitas de nossas dioceses se encontram no que diz respeito à problemática da prisão.

a) Sensibilizar a comunidade cristã para a problemática da prisão

Nossas comunidades cristãs não estão devidamente informadas ou conscientes sobre o problema da prisão. Entre os cristãos, quase sempre se compartilha a mesma ideia que predomina na sociedade: que a resposta ao crime deve ser a repressão e que o meio mais adequado para garantir a segurança do cidadão é ser duro com os detentos. O mundo das prisões também é marginalizado pelos cristãos.

Portanto, provavelmente, a tarefa mais urgente é ajudar a Igreja diocesana e as comunidades cristãs a tomar consciência do fator social da prisão. Não basta nos lembrarmos, de uma maneira geral e de tempos em tempos, dos prisioneiros em nossa oração comunitária. Não basta abordar o caso de um detento de maneira isolada e esporádica. É necessário que, na diocese e nas paróquias, tomemos consciência da problemática dos prisioneiros e das consequências que podem implicar para a comunidade devota.

É na mesma comunidade cristã que é necessário garantir que os catequistas e os educadores da fé das crianças, dos jovens e dos adultos conheçam adequadamente o problema para que, na ação catequética da paróquia, o assunto não esteja ausente e se lembrem das exigências que seguem da fé da solidariedade e ajuda os marginalizados; entre eles, os que estão na prisão. Tendo em conta a baixa idade de muitos detentos, que foram presos principalmente por problemas relacionados às drogas, talvez seja necessário destacar a importância que a conscientização dos responsáveis e monitores da pastoral da juventude possa ter para uma formulação correta do problema e para uma apresentação do mundo dos jovens presos como um possível campo de comprometimento cristão para grupos já maduros de pós-confirmação.

Acredito que ainda tenhamos trabalhado pouco nas dioceses nessa tarefa de informar e conscientizar as comunidades cristãs sobre a problemática da prisão. Temos que promover mais encontros, mesas-redondas, palestras informativas, presença do capelão ou de outros agentes pastorais da prisão para divulgar essa realidade, as condições de vida dos presos e seus problemas e sugerir as possibilidades de ação a partir de uma comunidade cristã.

Não devemos esquecer que essa sensibilização da comunidade cristã é uma maneira importante de colaborar com a conscientização de toda a sociedade, tão necessária para promover uma maior humanização dos centros penitenciários, uma maior participação da sociedade no problema dos prisioneiros e apoio social mais eficaz na busca de alternativas à prisão.

b) Promover e formar evangelizadores na prisão

Quando existem um centro penitenciário em uma diocese e vários presos de uma determinada entidade, não é suficiente atender esse problema de forma geral por meio dos canais comuns da Cáritas. É necessária a presença e a colaboração de cristãos que se dediquem de maneira particular a esta tarefa pastoral. E, naturalmente, um dos primeiros passos a serem dados é aumentar e consolidar esses grupos ou equipes de pessoas envolvidas nesse campo.

Nas dioceses, em geral, temos atuado de maneira bastante improvisada, ao chamar os leigos para um serviço pastoral. Devemos ter mais cuidado ao convidar para o serviço pastoral carcerário, definindo bem a possível tarefa que deve ser realizada, o significado da preocupação dos presos quanto à ação evangelizadora da diocese e das paróquias, exigências que representa... ajudando os devotos a descobrir, neste campo, uma verdadeira vocação pastoral.

Onde estão esses cristãos? Talvez, entre os colaboradores da Caritas que possam ter uma sensibilidade inicial maior para esse grupo marginalizado; em grupos de reflexão cristã ou em pequenas comunidades adultas; entre os jovens que, depois de receberem a confirmação de forma responsável, continuam nos grupos de pós-confirmação e desejam trabalhar para uma sociedade mais humana; entre os aposentados cristãos que ainda podem realizar várias atividades. Também seria muito positivo orientar alguns profissionais cristãos para esse compromisso (advogados, assistentes sociais, psicólogos etc.). Por outro lado, a participação e a colaboração de um ex-detento ou de um agente penitenciário cristão não deve ser excluída.

Naturalmente, para trabalhar nesse campo com certa eficiência e espírito cristão, é necessária capacitação. Mas boa vontade e generosidade não são suficientes. É um erro pensar que a colaboração em tarefas de catecismo e educação religiosa requer uma preparação adequada, enquanto, em um serviço de caridade ou assistencial, a boa vontade é suficiente. A verdadeira formação no setor prisional virá da própria experiência proporcionada pelo contato com a prisão, o tratamento com os presos e seus familiares, a orientação dos capelães da prisão e com quem cuida diariamente dos detentos.

c) Serviço libertador ao prisioneiro e defesa de seus direitos

Não devemos nos esquecer de que o principal objetivo de qualquer pastoral carcerária é a atenção e o serviço ao prisioneiro. Isso significa que são essas pessoas que devem estar sempre no horizonte de tudo o que fazemos ou organizamos, e que todos os nossos esforços e trabalhos devem ser orientados, em última análise, para o bem deles.

Essa ajuda ao detento não é apenas assunto do capelão, dos assistentes sociais etc. Sem dúvida, todos eles têm uma tarefa importante dentro da própria prisão. Mas seu trabalho não deve ser algo isolado, e sim apoiado por toda a pastoral carcerária por meio de vários meios e canais. Agora vamos apontar algumas tarefas específicas.

• *A defesa dos direitos do preso.* Como resultado de uma sentença judicial, o condenado perde sua liberdade em maior ou menor grau e fica limitado ao exercício de certos direitos específicos dos quais outros cidadãos podem desfrutar. Mas isso não significa que ele não tenha mais nenhum direito. Pelo contrário, o preso tem direitos dos quais não podem ser privados; caso contrário, seria uma injustiça com eles: direito à assistência jurídica; direito a um julgamento justo e a todos os recursos da lei para recuperar sua liberdade; direito à integridade física, comunicação, assistência médica, religião...

Não é objetivo direto de uma pastoral carcerária exercer uma atividade jurídica, mas orientar, ajudar ou promover tudo o que for necessário para que o preso possa exercer adequadamente todos os seus direitos. Trata-se de ajudar o detento, especialmente aquele que está desorientado e desamparado, a exercer todos os seus direitos e a resolver melhor seus problemas legais, criminais e penitenciários. Nosso objetivo deve ser que nenhum prisioneiro deixe de exercer seus direitos por razões de ignorância, abandono, falta de apoio, abuso ou esquecimento.

Naturalmente, a natureza e o caráter dessa ação pastoral devem ser bem definidos, e não devem ser inspirados por motivações políticas ou ideológicas, mas por um espírito evangélico de justiça e defesa dos mais fracos, evitando todos os tipos de discriminação e respeitando as competências de advogados e outros profissionais, sem interferir indevidamente nas atividades deles.

• *Libertação da marginalização.* O prisioneiro é privado, conforme dissemos, de certo grau de liberdade, mas isso não significa que deva ser condenado à solidão e à marginalização. Sem dúvida, um dos maiores sofrimentos do recluso é a solidão, o sentimento de abandono, esquecimento e marginalização, especialmente quando seus familiares, amigos ou conhecidos o ignoram.

Um dos objetivos mais claros da pastoral carcerária deve ser libertar, de alguma forma, o recluso dessa marginalização social.

Precisamos fazer com que todo prisioneiro saiba que existe alguém que se importa com ele, que se preocupa com seus problemas e está disposto a apoiá-lo. Que saiba que ele não está sozinho.

Isso significa que, a partir da pastoral carcerária, temos que promover contato, proximidade e relacionamento com os presos. Ajudar para que familiares e amigos se comuniquem com eles. Estimular todos os tipos de relacionamentos, incluindo visitas e comunicação por cartas, de pessoas que tiveram laços especiais com eles, seja de amizade, vizinhança, profissão, trabalho... ou pessoas da comunidade cristã que agora estão começando um relacionamento amigável com eles.

Sem dúvida, o tratamento deve ser respeitoso, agindo com tato e delicadeza, orientado pelo capelão, por assistentes sociais do centro penitenciário etc., pensando, especialmente, naqueles que não têm contato com ninguém ou precisam de apoio particular.

- *Reeducação pessoal.* O prisioneiro, como toda pessoa, não é apenas vítima de fatores externos que condicionaram sua trajetória de vida. É, ao mesmo tempo, escravo de seu próprio condicionamento, seu mau comportamento, seu pecado. A pastoral carcerária precisa se preocupar em como ajudar essa pessoa a se encontrar com mais profundidade e verdade, a descobrir sua própria culpa sem se destruir ou se desprezar, a iniciar um processo de renovação pessoal e recuperação do sentido da vida. Esta é a mensagem do papa aos detentos: "Que nenhum de vocês fique preso ao seu passado. A história passada, mesmo que quiséssemos, não pode ser reescrita. Mas a que começa hoje e olha para o futuro ainda não foi escrita, e será escrita justamente com a graça de Deus e sua responsabilidade pessoal. Aprender com os erros do passado pode abrir um novo capítulo da vida".

É claro que tanto o capelão quanto as pessoas que têm contato direto com os presos têm um trabalho insubstituível aqui, mas todos nós devemos nos perguntar como podemos ajudar o capelão neste trabalho, como colaborar em uma ação reeducadora dos presos, como despertar neles um senso de maior companheirismo, convivência e solidariedade, como melhorar as relações dentro da prisão, como melhorar a celebração da fé.

d) Presença evangelizadora no centro penitenciário

A Igreja diocesana deve garantir sua presença evangelizadora dentro da prisão. Essa presença não deve ser entendida como algo particular do capelão ou de um grupo de pessoas, mas a presença da Igreja ao lado das pessoas que sofrem privação de liberdade, com todos os problemas que isso implica.

Essa presença evangelizadora no mundo prisional abrange vários aspectos: a educação e o cuidado da fé daqueles que recebem o conteúdo evangélico; assistência religiosa e a celebração litúrgica; a colaboração em atividades culturais, educacionais ou recreativas que ajudem a criar um clima mais humano e de maiores possibilidades para o amadurecimento humano dos internos e a promoção de uma boa convivência entre os presos.

Naturalmente, a primeira pessoa responsável por garantir essa presença é o capelão, que atua em nome da diocese como sacerdote que está na prisão a serviço da evangelização. Mas seu trabalho não deve ser isolado, deve ser compartilhado por outros cristãos que, de várias maneiras, colaborem no serviço cristão no centro. É necessário pensar em uma equipe pastoral comprometida com essa tarefa específica, que deve contar, também, com a ajuda apropriada que possa vir das comunidades paroquiais. Uma equipe pastoral que cuide, incentive e garanta a presença evangelizadora naquela prisão.

e) A atenção à família do preso

A família pode ser o fator mais positivo para a manutenção da esperança do prisioneiro, mas também pode ser uma fonte de graves decepções e desilusões para o preso. Por outro lado, muitas vezes, a família é uma vítima inocente dos crimes cometidos por um de seus membros. A prisão de um pai ou de uma mãe, de um marido ou de um filho pode significar uma carga muito pesada e um grande sofrimento de natureza psicológica, econômica e moral. São famílias que passam por uma situação difícil e que frequentemente precisam de ajuda para aceitar a detenção desse membro da família e suas consequências.

A proximidade e a solidariedade com essas famílias não parecem estar na atenção geral que pode ser prestada pelos serviços da Cáritas. É necessária uma ação mais específica e que tenha seu próprio lugar na pastoral carcerária. A comunidade cristã deve estar próxima dessas famílias, não apenas para resolver seus problemas econômicos, mas também para ajudá-las a manter um relacionamento com o ente querido, melhorar seu relacionamento com ele ou enfrentar o problema criado na família.

f) Assistência pós-carcerária

A preocupação com o prisioneiro não deve terminar na prisão. Ao se reintegrar à sociedade, o preso deve ter alguém que esteja esperando por ele, interessado nele e disposto a ajudá-lo e apoiá-lo. O que se pode fazer?

É possível pensar em grupos de apoio dispostos a se preocupar com ele quando sair da prisão, seja em liberdade condicional, saída temporária ou soltura definitiva? É possível oferecer algum tipo de assistência organizada aos presos que não têm para onde ir? Existe algum lugar onde eles possam receber primeiro apoio, acolhida e orientações para sua inserção social? É possível ajudar os jovens viciados em drogas que deixam a prisão a se integrarem em algum programa de reabilitação? Não é uma tarefa fácil, mas temos um grande desafio que não podemos evitar.

9
Levar a Boa-nova aos enfermos psíquicos

Para os seguidores de Jesus, sua atuação é um modelo inspirador e um critério decisivo para orientar a ação evangelizadora e capturar o espírito que deve incentivá-la. É por isso que começo este capítulo propondo a atuação de Jesus com os "possuídos por espíritos malignos" de seu tempo como um modelo que pode inspirar nossa atuação evangelizadora no mundo dos enfermos psíquicos de hoje. Aqui, sugiro algumas linhas básicas de ação: abordagem curadora e realista do enfermo psíquico; recepção marcada pela "bênção de Deus"; defesa da pessoa e dos direitos do enfermo psíquico; colaboração para sua integração social; atenção religiosa personalizada; apoio às famílias dos enfermos.

1 Atuação de Jesus no mundo dos doentes mentais

Jesus não anuncia e oferece a salvação de Deus de qualquer forma, mas precisamente gerando saúde e fazendo o bem no mundo da doença e do sofrimento. Por isso, está presente onde a vida parece mais deteriorada, atormentada e infeliz, e somente por meio de uma ação libertadora e benevolente com esses pacientes é possível anunciar a todos que Deus é o Salvador, amigo da vida e da dignidade suprema de todo ser humano.

Especificamente, destacarei quatro características da atuação de Jesus no mundo das doenças mentais:

1) Jesus acolhe esses enfermos e abre espaço para eles na vida dele;

2) esforça-se para salvar o que parece perdido;

3) defende-os de seu desamparo e os liberta do mal;

4) incorpora-os ao convívio em sociedade.

a) A cura do enfermo de Gerasa

Antes de estudar a atuação de Jesus, vamos analisar um episódio conhecido como "a cura do possuído de Gerasa". Aparece na tradição sinóptica (Mc 5,1-20; Mt 8,2-28; Lc 8,22-69). É uma cena muito curta em que a ação libertadora de Jesus no mundo misterioso e atormentado do mal psíquico aparece com características claras: os "possuídos", de acordo com a mentalidade daqueles tempos.

A situação do paciente é trágica. Ele é vítima de um "espírito impuro", ou seja, afastado do Espírito de Deus: "corre pelas montanhas", em um estado de solidão total e selvagem; "habita nas sepulturas", excluído do mundo dos vivos; vive "preso a algemas e correntes" por uma sociedade que só pensa em se defender dele. É um paciente irrecuperável: "ninguém consegue dominá-lo"; ele vive "berrando", privado de um discurso sensato, é incapaz de se comunicar com os outros; "fere-se com pedras", vítima de sua própria violência.

Jesus o encontra, e o doente grita em voz alta: "O que eu tenho com você, Jesus, Filho de Deus Altíssimo?" O que tem a ver Jesus, o Filho de Deus, com esse mundo sombrio e doloroso da doença mental? Os evangelistas descrevem a atuação de Jesus em detalhes:

ele pergunta seu nome, quer ajudá-lo a recuperar sua identidade: "Qual é o seu nome?" O doente responde: "Meu nome é Legião, porque somos muitos". Ele é um homem dividido, fragmentado pela doença; seu interior é um mundo confuso de divisão e de dor. Jesus diz a ele: "Espírito imundo, saia deste homem", deixa espaço para o Espírito de Deus, deixa espaço para a paz e a libertação interior dessa pessoa.

Lucas descreve em detalhes a transformação do doente. Quando as pessoas chegam, veem o doente "sentado aos pés de Jesus", "vestido e em sã consciência". E aqueles que o viram contaram "como o endemoniado havia sido salvo" (Lc 8,35-36). Jesus restaura o equilíbrio dessa pessoa doente, tira-a de um estado sub-humano e lhe proporciona uma nova qualidade de vida. Mas, além disso, transmite sua Palavra e lhe dá a fé. O possuído não é apenas curado. É um homem "salvo". Lucas o descreve como um discípulo "aos pés de Jesus", ouvindo suas palavras, que são espírito e vida para ele.

Por fim, Jesus o reintegra ao convívio social. Ele o liberta da solidão das montanhas e da escuridão das sepulturas, onde antes arrastava sua existência; Ele o liberta do isolamento e da incomunicação e o devolve à vida, ao lar e à convivência: "Vá para sua casa, onde estão seus entes queridos, e diga a eles o que o Senhor fez com você e que teve piedade de você" (Mc 5,19). E ele saiu por Decápolis "proclamando o que Jesus havia feito com ele" (Mc 5,20). Aquele homem se transforma na Boa-nova de Deus. Nele, manifesta-se "a misericórdia" de Deus para com o ser humano.

b) Jesus se aproxima do mundo dos enfermos psíquicos

É a primeira coisa que temos que apontar. Jesus aborda os doentes, mas, mais especificamente, os doentes mentais. Na longa lista de pessoas doentes a que Jesus atende, esses pacientes são constantemente mencionados, considerados naquela época como possuídos por satanás e por espíritos malignos. Jesus curava os enfermos, mas também expulsava os demônios. Percorria a Galileia "proclamando as boas-novas do reino e curando todas as enfermidades e doenças do povo [...] Levavam até Ele todos os pacientes afligidos por doenças e sofrimentos, demonizados, lunáticos e paralíticos, e Ele os curou" (Mt 4,23-24; cf. Mc 1,34 e Lc 6,18-19).

Para entender essa atitude de Jesus, devemos lembrar como a enfermidade psíquica foi considerada nessa sociedade. Na mentalidade semita, todo enfermo é um ser humano ao qual o Espírito de Deus abandonou, aquele fôlego vital com o qual Deus sustenta cada pessoa. É por isso que a pessoa doente é vista como alguém que vai caindo no esquecimento de Deus. De alguma forma, toda doença é um castigo ou uma maldição de Deus, e o doente, um homem "ferido por Yahvé".

A situação do enfermo psíquico é ainda mais trágica. Este ser doente foi tão desamparado pelo Espírito de Deus, tão abandonado por Ele, que sua pessoa foi invadida por satanás e pelos espíritos malignos. Satanás é o mal por antonomásia, a personificação do que destrói os planos de salvação de Deus, que destrói os seres humanos e o atormenta. Os hebreus falam de satanás quando se referem a uma pessoa sujeita a um mal inexplicável e misterioso, que causa medo e ameaçador para todos. O enfermo psíquico é um homem abandonado por Deus e possuído pelo mal. Alguém de quem você tem que se defender e fugir.

Nesse contexto sociorreligioso, Jesus abre espaço em sua própria vida para esses homens e essas mulheres que não têm lugar na sociedade e, de acordo com a crença popular, nem mesmo no coração de Deus. Este é o dado fundamental. O enfermo psíquico é o protótipo do "abandonado". Mas Jesus acolhe e abre espaço justamente para essas pessoas doentes que vivem no mundo sem que o mundo seja um lar para elas, que não têm um lugar neste mundo, esses doentes rechaçados que não sabem a quem recorrer. Jesus mostra que não estão sozinhos nem abandonados.

c) Jesus salva a vida perdida do enfermo psíquico

Salvar o que está perdido é outra característica de Jesus. Ele se sente enviado às "ovelhas perdidas da casa de Israel" (Mt 15,24) e proclama que "o Filho do Homem veio buscar e salvar o que estava perdido" (Lc 19,10). Jesus, o amigo da vida, aproxima-se do mundo dos doentes para salvar os perdidos, com a saúde deteriorada, com a vida destruída. Ele é a esperança dos perdidos. É por isso que encontramos Jesus entre os doentes mentais, os marginalizados, os que se perderam, os que perderam o senso de vida e até a identidade, os possuídos pelo mal, os afundados na insegurança e no medo, os que consideram o seu mal como algo irremediável.

C.H. Dodd observa "O inédito interesse sem precedentes de Jesus pelos perdidos". L. Boff ressalta que Jesus se dirige, preferencialmente, aos "não homens". Jesus se aproxima dos enfermos psíquicos movido apenas por seu amor ilimitado por eles e por sua paixão em tirá-los do poder desintegrador do mal. Nas primeiras comunidades cristãs essa lembrança de Jesus permaneceu: "Deus o ungiu com o Espírito Santo e com poder, e passou fazendo o bem e curando todos os oprimidos pelo diabo, porque Deus estava com ele" (At 10,38). Este é Jesus: o Profeta cheio do Espírito de Deus que liberta e cura os oprimidos pelo mal e pela divisão interior ("diabo" significa, literalmente, "aquele que se separa").

Quero lembrar que, nos evangelhos, os possuídos nunca são descritos como pecadores, pessoas moralmente culpadas, mas como vítimas indefesas do mal. É por isso que a luta de Jesus não é contra o pecado desses homens, mas contra o mal que os atormenta e os destrói.

Jesus os liberta da confusão interior, da divisão e da alienação. Liberta-os do tormento da doença, do temor de Deus. Coloca paz, "*shalom*", isto é, bênção, graça, bem-estar, segurança e confiança no futuro nas suas vidas. É o que Jesus colocava em todo doente: "Vá em paz e se recupere da sua doença" (Mc 5,34). Jesus, cheio de Deus, transmite vida, saúde e bênção nos doentes mentais:

"O Filho de Deus se manifestou para desfazer as obras do diabo" (1Jo 3,8).

d) Jesus defende do mal os doentes desamparados

Esta é outra característica de Jesus, sempre defende os fracos e os desamparados que não conseguem se valer por si mesmos. É por isso que vemos Jesus protegendo esses enfermos psíquicos que não têm prestígio nem poder, imagem nem identidade; são pobres não apenas de bens materiais, mas também pobres de espírito, pobres de vida consciente e afetiva, sem o poder do discurso coerente, isolados e divididos pelo mal.

Jesus os protege contra esta sociedade que os exclui e os condena a viver em lugares remotos; os protege de leis e tabus que os desprezam e os consideram impuros. Ele não tem medo de tocá-los e libertá-los do desprezo. Ele está tão envolvido em sua defesa, que logo também é identificado com os endemoniados: "Ele é possuído por belzebu e expulsa os demônios pelo poder do príncipe dos demônios" (Mc 3,22). Ele é tido como louco e endemoniado: "Está possuído por um espírito imundo" (Mc 3,30).

Mas Jesus defende esses homens e essas mulheres fracos da força do mal. Ele vê esses enfermos como vítimas de alguém "forte" que os dominou e escravizou. Mas Ele se sente "mais forte" para libertá-los do mal. "Ninguém pode entrar na casa de um homem forte e saquear sua propriedade sem que antes o amarre" (Mc 3,27). Jesus usa toda a sua autoridade e força para libertar esses enfermos do mal: "Envia espíritos imundos e os obedece" (Mc 1,27).

e) Jesus leva o enfermo psíquico à sociedade

Os doentes mentais em Israel são o protótipo dos excluídos. São considerados impuros, porque são possuídos por espíritos impuros. Não pertencem ao povo santo de Deus. Não conhecem a lei nem a cumprem. Não podem entrar no templo. São excluídos da sociedade: condenados a viver em lugares solitários, longe das aldeias habitadas.

Os evangelhos apontam, repetidamente, o esforço de Jesus para integrar novamente os enfermos à sociedade. Ele diz ao paralítico curado: "Levanta-te, pega a tua maca e vai para casa" (Mc 2,11). Lembremos a cura do possuído de Gerasa. Jesus o tira da solidão das montanhas, liberta-o do isolamento e o devolve à sociedade. O enfermo manifesta seu desejo de ficar com Jesus, mas Ele prefere que o enfermo retorne à sua casa. Já sofreu muito longe dos seus entes queridos. É bom voltar para a sua casa e contar que o Senhor teve misericórdia dele. O retorno à vida do lar é considerado uma boa-nova de Deus "Vai para casa, onde estão os teus entes queridos, e diz a eles o que o Senhor fez contigo e que teve piedade de ti" (Mc 5,19).

f) O anúncio da salvação de Jesus

A atuação de Jesus no mundo dos enfermos psíquicos não é uma simples ação médica. Não se reduz a uma atividade de cura. Jesus dá um significado mais profundo e evangelizador: "Se expulso os demônios pelo Espírito de Deus é porque o Reino de Deus chegou a vós" (Mt 12,28). Com sua ação curadora e libertadora, Jesus é um sinal de que Deus não abandona esses enfermos. Eles não são esquecidos pelo Pai. Deus está por perto. Com sua ação curadora, Jesus manifesta que, também naquele mundo sombrio e doloroso da doença psíquica, Deus se revela como amigo do ser humano.

2 Grandes linhas de ação

A atuação de Jesus nos permite traçar algumas linhas básicas de ação evangelizadora no mundo dos enfermos psíquicos.

a) Devemos nos aproximar dos doentes mentais

A primeira coisa, sem dúvida, é promover maior sensibilidade e uma mudança de mentalidade nas paróquias e comunidades de tal forma que nos aproximem do mundo do enfermo psíquico e de suas famílias.

• *Desconhecidos e temidos.* As comunidades cristãs estão fazendo um esforço significativo no que diz respeito aos enfermos mais necessitados e negligenciados. Contudo, se desconsiderarmos a entrega generosa de algumas congregações religiosas e de alguns grupos mais sensibilizados, concluiremos que os enfermos psíquicos são os grandes ausentes na preocupação evangelizadora da Igreja e das comunidades cristãs.

Sem dúvida, a sensibilidade pelo paciente depressivo, pelo demente senil, pelo alcoólatra ou pelo drogado afetado em sua personalidade tem aumentado, mas não se observa, pelo menos na mesma medida, uma mudança de atitude e uma abordagem mais próxima do enfermo psíquico. Eles são os mais necessitados, mas também os mais desconhecidos e temidos. Entre esse mundo de sofrimento, obscuridade, solidão e a vida das comunidades cristãs, parece se erguer uma espécie de muro invisível, que dificulta nossa aproximação do paciente psíquico, da compreensão de sua dor, da comunicação e do acompanhamento evangelizador.

• *Superar conotações negativas.* Na raiz desse distanciamento dos doentes mentais, existe um conjunto de conotações negativas que precisam ser abordadas de maneira mais positiva. Em primeiro lugar, a doença mental está associada à imagem do perigo desde tempos imemoriais, que rapidamente empurra o enfermo ao isolamento e à reclusão para defender a sociedade de sua ameaça. Um conhecimento mais rigoroso e um espírito mais próximo ao de Jesus deveriam nos levar a adotar uma postura mais realista e diferenciada, bem como uma atitude mais acolhedora.

A manifestação mais importante da doença mental é a alteração de seu comportamento. E é precisamente essa alteração de seu comportamento que cria insegurança e nos impede de nos aproximarmos da realidade dolorosa dos doentes mentais, enquanto estamos ocupados em defender nossa "normalidade". Um conhecimento saudável de nossas próprias fraquezas e uma aceitação mais realista de nossos limites, juntamente com um amor radical por esse ser humano, permitiriam que tivéssemos uma abordagem mais acolhedora e abrangente.

Por outro lado, é fácil considerar o enfermo demente como alguém incapacitado para qualquer comunicação e crescimento pessoal. Isso, que pode ser real em algumas das diferentes variedades ou fases das doenças mentais, estendido, no entanto, de forma global e erroneamente a todos os pacientes e a todos os campos da experiência humana, torna-se um obstáculo a uma abordagem mais humana e construtiva. A atitude de Jesus de "buscar e salvar os perdidos" geraria uma atitude muito diferente.

Finalmente, a tudo isso soma-se a ideia generalizada de que a doença mental é incurável. Assim, pouco ou nada pode ser feito. Independentemente do que os especialistas possam dizer e fazer em cada caso, devemos lembrar que, quando não é possível curar, pode-se e deve-se acompanhar, aliviar, defender e amar.

• *Promover uma aproximação das comunidades cristãs.* Essa aproximação do mundo dos doentes mentais abrange vários aspectos. Aponto alguns: rever o lugar que ocupam na atenção das comunidades cristãs; promover uma campanha de conscientização e mudança de atitude em relação aos doentes mentais; promover uma aproximação mais real do mundo da saúde mental (visitas a enfermos internados em hospitais psiquiátricos, unidades psiquiátricas dentro de hospitais gerais, módulos de saúde mental etc.); uma melhor aproximação dos doentes que pertencem à própria paróquia; um contato mais íntimo com as famílias que sofrem com um ente querido doente. Em suma, a ideia é "abrir espaço" para os doentes mentais em nosso coração e nas comunidades.

• *Necessidade de formação.* Uma aproximação saudável do mundo das doenças mentais exige um mínimo de rigor e competência: aprender qual é o relacionamento mais saudável e mais benéfico para o enfermo, saber definir o grau de proximidade, desenvolver um estilo de comunicação positivo e colaborar com uma terapia de apoio.

Tudo isso exige capacitação. Boa vontade não é o suficiente. Mesmo com a melhor das intenções, pode-se interferir no trabalho de médicos e terapeutas. É necessária uma formação mínima específica para conhecer as possíveis reações e atitudes do enfermo e a maneira mais apropriada de estabelecer um relacionamento positivo. Por isso, a necessidade de uma colaboração estreita e eficaz entre os psiquiatras e os especialistas em saúde mental e as pessoas que se aproximam do doente com uma perspectiva diferente e não especializada, de amizade humana e cristã. Essa colaboração, ou "parceria", a serviço do enfermo, cada uma com sua própria identidade e responsabilidade, seria, em minha opinião, um dos sinais mais positivos de interesse verdadeiro no cuidado integral do enfermo psíquico em nossos dias.

Quanto aos médicos ou cuidadores cristãos que trabalham no campo psiquiátrico, além do fato de terem muito a nos ensinar, também têm o direito de ter a seu lado outros devotos para buscar juntos o sentido evangelizador de seu trabalho e analisar os problemas que a saúde mental representa com base em uma visão cristã da existência.

b) Introduzir a bênção de Deus

Não basta estar mais presentes no mundo das doenças mentais. Precisamos nos perguntar como deve ser essa presença e como deve contribuir para torná-la evangelizadora, como a de Jesus.

• *Por uma atitude evangelizadora*. A aproximação dos doentes mentais pode ter matizes diferentes. Se o enfermo causar desconfiança e medo devido à sua periculosidade, uma atitude de vigilância e cautela se desenvolverá, acima de tudo. Se se deseja contrapor suas ações desviadas, serão desenvolvidas medidas de caráter corretivo, visando a reduzir e atenuar o perturbador. Se se busca recuperar aspectos saudáveis do enfermo e seu crescimento e desenvolvimento, um tratamento terapêutico deve ser promovido. Sem negar a adequação específica de cada uma dessas atitudes, e respeitando a competência dos especialistas em assistência psiquiátrica, a atitude evangelizadora tem diante de si, antes de tudo, um ser humano pobre e doente que precisa de amor e de bênção. Sem negar os caminhos da assistência psiquiátrica ou do conhecimento psicológico, mas incluindo-os, existem maneiras de reverter à vida destruída dos doentes mentais: a compaixão ativa, o amor paciente e a comunicação que transmite a bênção.

• *Oferecer a bênção de Deus.* Abençoar (do latim *benedicere*) significa, literalmente, falar bem, dizer coisas boas a alguém e, acima de tudo, expressar nosso amor, expressar nosso desejo do bem. Segundo a psiquiatra e psicanalista francesa Françoise Dolto, "abençoar" é fazer o bem. É como dizer: "Quero seu bem. Desejo-te o bem. Pensarei em você, sempre pensarei no seu bem". É isto que é importante: ter certeza de que um ser humano recebe uma bênção[68]. Portanto, consiste em estar com os doentes mentais com uma atitude de bênção, que significa aliviar os estigmas de serem desgraçados, malfeitos, amaldiçoados; tratar com benevolência aqueles que parecem marcados pela maldição; tratar com amor aqueles que parecem carecer de amor. E "abençoar em nome de Deus", isto é, comunicar, com gestos, palavras e atitudes, o amor de Deus, que não abandona as vidas destruídas e estigmatizadas. É preciso mostrar que é abençoado, que Deus o chama, que o distingue e o ama infinitamente. Promover nele a segurança de que é um ser amado por Deus com um amor infinito e livre.

---

68. DOLTO, F. "El poder de la bendición sobre la identidad psíquica" [Entrevista com F. Dolto]. In: *Concilium*, 198, mar./1985, p. 254.

Portanto, abençoar é fazer com que o doente seja envolvido pelo amor, embora nem sempre ele possa compreender isso conscientemente. Colocar o amor silencioso e somente reconhecido por Deus nessa vida; oferecer amor gratuito que ilumine sua vida, às vezes, tão sombria e impenetrável; oferecer paz e graça onde parece haver mal em excesso.

Naturalmente, a bênção não é um gesto isolado. Ela precisa ser mantida. O enfermo precisa de provas constantes de que é aceito e amado. Precisa de palavras e gestos de amor, comunicação, companhia, cuidado, acolhida e sossego. O enfermo precisa saber que, de alguma maneira, sem importar o que faça ou diga, sempre haverá graça e misericórdia para ele, sempre haverá alguém para cuidá-lo e buscar o seu bem.

• *O estilo da bênção.* A bênção exige um estilo de atuação. Em primeiro lugar, como apoio de toda a atenção e o cuidado do enfermo, é importante dar amor sem esperar nada em troca. Um amor que não pode pedir correspondência ou exigir reciprocidade. Quem se importa com esses pacientes e vive com eles os abençoando nunca age por interesse próprio, nem por ressentimento ou medo.

Seu amor se baseia no respeito total pela pessoa doente, não pela sua maturidade humana ou sua dignidade moral, mas simplesmente porque é uma pessoa, a imagem do Deus vivo, o amado Filho do Pai. Quem abençoa está atento ao profundo mistério que todo ser humano possui; esse enfermo também pode ter se tornado algo estranho e sombrio para si próprio.

Quem abençoa ouve com compaixão a vida transformada em tormento. Quem ama esse enfermo tenta captar a mensagem global dessa pessoa doente: o que quer nos dizer, mesmo sem um discurso articulado? O que pede e precisa? Por outro lado, a aproximação dos doentes mentais, como de toda pessoa radicalmente carente, torna-nos humildes. O sucesso e os resultados espetaculares não são garantidos. Não podemos arrancar o mal pela raiz. Não podemos salvar. Quem abençoa em nome de Deus trabalha com humildade e paciência, pela fé e esperança em Deus, o único Salvador definitivo do ser humano.

c) Defender o enfermo psíquico

• *Defesa de seus direitos.* Nas comunidades cristãs, devemos saber como defender a dignidade da pessoa psiquicamente enferma contra o esquecimento, a marginalização, o abuso e a insensibilidade. Isso significa, especificamente, defender o direito do paciente a cuidados de saúde adequados; o direito à melhor qualidade de vida possível; o direito a um atendimento terapêutico personalizado; o direito a um atendimento integral de suas diversas necessidades familiares, sociais e religiosas e o direito de que seus valores éticos e religiosos sejam respeitados.

Não se trata de defender o enfermo, teoricamente, olhando de fora, mas de colaborar em tudo o que possa significar uma melhoria no seu tratamento, reabilitação, atendimento integral e integração social. O papel do voluntariado foi decisivo em muitos países europeus para alcançar melhorias. Sem essa colaboração, não teriam sido possíveis.

• *Integração social.* Uma ação evangelizadora inspirada em Jesus implica promover a comunhão com esses enfermos discriminados e marginalizados de várias maneiras. Não basta defender "a desinstitucionalização da psiquiatria" para reinserir e integrar os doentes na sociedade. É necessário um trabalho de conscientização para mudar a atitude social em relação aos doentes mentais. É necessário acolher e estar próximo desses enfermos, sem marginalizá-los; apoiar a família e fornecer os recursos e a ajuda necessários como primeiro suporte para sua inserção; atender enfermos psíquicos sem moradia, que se deslocam de uma parte para outra sem serem adequadamente atendidos em lugar nenhum.

Nas paróquias e nas comunidades cristãs, temos uma enorme tarefa a realizar no que diz respeito à conscientização, ajuda às famílias, colaboração com associações de parentes de enfermos psíquicos etc. Sem dúvida, uma das melhores maneiras de contribuir para a integração social dos enfermos psíquicos é dar a eles espaço na comunidade cristã, devolver seu "direito de membros da comunidade", abrindo as portas das paróquias, convidando-os a participar e facilitar sua participação em celebrações, atividades ou encontros dos quais não há por que excluí-los.

- *Atenção religiosa personalizada.* Um dos lugares onde a Igreja pode mostrar melhor seu aspecto evangelizador com relação a esses enfermos é na sua recepção religiosa. Sem dúvida, as situações são diferentes. Os especialistas falam de enfermos cujas vidas religiosas parecem praticamente intactas, enfermos para os quais a religião é uma obsessão, enfermos com desvio de comportamento religioso ou que não possuem nenhuma prática religiosa. Será necessário contar com o assessoramento daqueles que se esforçam para ajudar o enfermo a recuperar sua saúde. Será necessário colaborar com eles para agir da maneira mais correta e benéfica para o enfermo. Mas nunca devemos esquecer que a atuação de Jesus emana de um critério geral: devemos superar a marginalização, o isolamento, o distanciamento e a proibição e promover o convívio, a aproximação, a acolhida e a integração.

De uma perspectiva evangelizadora, o mais importante nisso tudo é remover os obstáculos e contribuir humildemente para o encontro dessa pessoa com o mistério de Deus. Isso é fundamental. Com relação a todas as abordagens que possam ser feitas sobre se existe um sujeito de vida religiosa e, em particular, um sujeito capaz de receber os sacramentos, lembrarei apenas as palavras do sacerdote e psiquiatra Mariano Galve, com quem me identifico totalmente:

> Fico assustado quando ouço que os sacramentos são negados por "falta de sujeito". E direi por quê. [...] Na psiquiatria, o sujeito está lá, à frente, obsessivamente presente, com uma realidade sem disfarces ou dissimulações, de maneira cruel e severa. Certamente, na maioria dos casos, quando não é um sujeito esquivo e inalcançável, ininteligível e evanescente, é um sujeito mesquinho, vazio e distorcido. É um sujeito ambíguo, desgastado e destruído. Mas existe um sujeito, e um sujeito sumamente evangélico [...] "Eu não vim para salvar os saudáveis, mas os enfermos [...] vim para resgatar o que foi perdido" (em "Objetivos e atividades do trabalho pastoral em psiquiatria") (Jornadas Nacionais da Pastoral da Saúde, novembro de 1986).

Três campos merecem uma reflexão mais aprofundada: 1) o Sacramento da Reconciliação como um lugar de acolhida e de pacificação, um lugar de bênção e graça, um campo propício ao profundo resgate da pessoa (autoestima, amizade com Deus); 2) a celebração da Eucaristia, com seus diversos aspectos: acolhida e participação dos doentes como membros da assembleia; ação de graças a um Deus amigo; a escuta da Boa-nova de Jesus; aproximação para comungar com Cristo; a recepção da bênção de Deus; 3) a oração com os doentes, ajudando-os a encontrar a prece adequada, as palavras simples e boas, a atitude humilde e confiante para invocar e agradecer a Deus juntos.

d) Apoiar a família

Fala-se em reinserção e reabilitação social dos doentes mentais, mas isso será difícil se a família, geralmente, a primeira e principal referência para a reintegração, não for apoiada. As famílias precisam de mais recursos e mais apoio para serem eficazes na reabilitação social do enfermo.

- *A situação das famílias*. Sem dúvida, as situações das famílias são muito diferentes, bem como suas atitudes com relação ao familiar enfermo. Mas é possível apontar algumas características bastante comuns. Muitas famílias se sentem sozinhas ou com pouco apoio para lidar com os problemas que surgem com a doença de um de seus membros.

Por outro lado, geralmente, a família se sente "marcada" diante dos outros. Têm medo do "o que dirão" e tentam esconder a doença por considerar algo desonroso para todos. Também podem surgir sentimentos de culpa, especialmente quando a doença é hereditária. Um familiar pode se culpar por não tê-la detectado antes ou por não tê-la levado a sério.

Em alguns casos, o medo do doente pode ser compreensível, devido à periculosidade da doença ou aos problemas que cria na vida familiar e no ambiente. Também podem ocasionar dificuldades econômicas, problemas no trabalho, sem falar de procedimentos burocráticos, consultas com médicos etc.

O médico V. Beramendi descreve bem a impotência ou o medo que aparecem com frequência em toda essa dinâmica familiar: 1) medo da internação (o doente degrada a família, tem que esconder. O que vai acontecer?); 2) medo durante a internação (medo de não ficar curado, medo da alta, de represálias, de visitas indesejadas...); 3) medo após a alta (risco de conviver com outras pessoas, medo das consequências imprevistas do comportamento do enfermo, medo de não ser bem atendido...).

Nessa situação, há famílias que cuidam bem dos doentes, com amor, paciência, competência e colaborando positivamente com os médicos. Mas também há famílias que não conseguem lidar com a situação: o doente se torna um fardo muito pesado, não consegue cuidar dele; toda a família é afetada negativamente e, por sua vez, favorece a piora do doente.

• *O apoio das paróquias.* As comunidades cristãs precisam estar muito mais próximas dessas famílias. Talvez esse seja um dos campos de atuação mais importantes para a comunidade paroquial. A primeira coisa é conhecer as famílias afetadas, aproximarmo-nos e ouvir seus problemas. Buscar maneiras e meios para estar perto e acompanhá-las para resolver os diversos problemas, ou, pelo menos, aliviar a situação.

Existem diversas maneiras de ajudar essas famílias. Não existem receitas. É necessário verificar as necessidades que devem ser atendidas em cada caso. Pode ser necessário libertá-los do isolamento e garantir segurança, informá-los sobre seus direitos e defendê-los de maneira concreta, ajudá-los a cuidar do doente e a realizar os diversos procedimentos necessários, colocá-los em contato com as associações de familiares de enfermos psíquicos.

Quero lembrar também os enfermos psíquicos sem teto, os transeuntes, que estão aumentando cada vez mais e precisam de apoio terapêutico e acompanhamento mais próximo. A assistência material da Cáritas não é suficiente. É necessária uma intervenção mais especializada.

Termino com o testemunho do marxista Lucio Lombardo-Radice, que descreve um dos traços mais característicos do cristianismo da seguinte maneira:

do ponto de vista cristão, é importante se dedicar a um ser humano, cuidar dele e amá-lo, mesmo que essa entrega seja improdutiva. É importante que o cristão dedique todo seu tempo com felicidade e alegria ao doente incurável e se entregue sem esperar nada em troca. É importante que o cristão acompanhe com amor e paciência o idoso "inútil", a caminho da morte; é importante cuidar bem dos seres humanos na última etapa de suas vidas, os mais infelizes e os mais imperfeitos, até mesmo aqueles em que as características humanas já são quase imperceptíveis[69].

---

69. Apud FETSCHER, I.; LOMBARDO-RADICE, L.; GARAUDY, R. et al. *Los marxistas y la causa de Jesús*. Salamanca: Sígueme, 1976, p. 26-27.

10
Por uma sociedade livre de homofobia, um desafio para os cristãos

1 Introdução

Na ocasião do Ano Jubilar da Misericórdia, fui convidado por um grupo de homossexuais cristãos, interessados em conhecer melhor a misericordiosa atuação de Jesus. Não sou moralista nem tenho conhecimentos especiais sobre a realidade dos homossexuais, mas pude entender um pouco mais seus problemas e sofrimentos. Não podemos olhar para o lado. O Papa Francisco está nos chamando para "ir para as periferias existenciais", e acho que devemos ouvir seu chamado. Este assunto será divido em duas partes. Na primeira, depois de apresentar alguns pontos fundamentais, tratarei do princípio-misericórdia, que inspirou e motivou toda a ação profética de Jesus e deixou como herança para seus seguidores e toda a humanidade: "Sede misericordiosos como vosso Pai é misericordioso"[70]. No segundo, tentarei mostrar como o princípio-misericórdia pode nos ajudar a dar passos concretos em direção a uma sociedade livre de homofobia, em que a comunidade homossexual possa viver de maneira mais digna, justa e feliz em meio a uma maioria heterossexual.

---

70. Lc 6,36.

O momento atual é decisivo para abordar o problema da homofobia. Quero dizer: o papa que atualmente preside a Igreja Católica se pronunciou claramente com palavras impensáveis há alguns anos. São duas frases curtas que abrem o movimento de Jesus em direção a um novo horizonte, embora as fortes resistências a Francisco tenham obrigado a "deter" momentaneamente uma abordagem aprofundada da questão da homossexualidade no último Sínodo sobre a Família. É hora de as comunidades cristãs reagirem.

Primeira frase: No avião de volta de sua viagem ao Brasil, quando perguntado por jornalistas, ele disse: "Se um *gay* procura Deus e tem boa vontade, quem sou eu para julgá-lo?" Não é uma encíclica, não é um documento magisterial, mas talvez seja até muito mais. É a convicção profunda do Papa Francisco, em que as palavras de Jesus finalmente ressoam: "Não julgueis e não sereis julgado"[71].

Segunda frase: Em resposta a Yayo Grassí, um ex-aluno de Jorge Bergoglio, um homossexual casado que vive nos Estados Unidos com seu marido, pediu esclarecimentos a Francisco sobre um episódio em que o papa esteve envolvido, teve a segunda resposta do papa: "Quero garantir a vocês que, no meu trabalho pastoral, não há lugar para a homofobia".

2 A condição homossexual

Desde o início, é importante que utilizemos uma linguagem adequada e precisa para evitar expressões carregadas de conotações pejorativas. Já faz alguns anos, o termo "homossexualidade" passou a significar a realidade humana total de pessoas cujo desejo sexual

---

71. Mt 7,1.

é orientado para pessoas do mesmo sexo. O termo vem do grego *homós* (igual) e do latim *sexus* (sexo)[72]. Com a palavra "homossexualidade", referimo-nos "à condição humana de uma pessoa que, em sua dimensão da sexualidade, caracteriza-se por estar constitutivamente movida por um impulso sexual orientado para pessoas do mesmo sexo". Isso significa que:

• O homossexual é, acima de tudo, um ser humano digno, com um destino e uma vocação para crescer e se realizar como pessoa, assim como o heterossexual. Sua peculiaridade é que seu impulso sexual é orientado para pessoas do mesmo sexo.

Portanto, ao falar das pessoas homossexuais, devemos sempre ter em mente toda a sua realidade humana e sua dignidade pessoal, sem focar a atenção de maneira reducionista e, portanto, falsa, apenas no aspecto sexual ou genital.

• Não devemos confundir a condição homossexual com uma doença. A homossexualidade não traz consigo nenhuma característica de patologia somática ou psíquica. Em 1973, a Associação Americana de Psiquiatria concluiu seu estudo afirmando que a homossexualidade não pode ser classificada como uma doença. Em 1990, a Organização Mundial da Saúde a removeu definitivamente da lista de doenças.

• Também não devemos confundir a homossexualidade com comportamentos anômalos ou desviantes, como, por exemplo, pedofilia, sadismo, prostituição, promiscuidade, estupro etc. E também não podemos confundir a heterossexualidade com esses com-

---

72. O termo foi introduzido por Ferenczi, médico húngaro no século XIX. Muitas organizações de homossexuais o rechaçam por sua origem clínica e preferem se designar como "*gays*" e "lésbicas".

portamentos. Não podemos admitir que se refiram à homossexualidade como uma "perversão", um "desvio" ou uma "reversão".

Detive-me nisso porque acho que, para avançar em direção a uma sociedade livre de homofobia, precisamos aprender a olhar, a respeitar e a amar o diferente a partir de sua própria realidade, sem preconceitos.

3 "Este não é o tempo da misericórdia"

Estas palavras de Francisco também devem ser aplicadas no nosso esforço de caminhar em direção a uma cultura livre de homofobia. Não vivemos tempos de rejeição, discriminação depreciativa ou exclusão, menos ainda, de perseguição. Pelo contrário, vivemos tempos de nos aproximarmos também dos homossexuais com uma atitude de misericórdia.

O papa adverte que não podemos cair em uma bela "teoria da misericórdia". Temos que viver a misericórdia em nossas comunidades de tal forma que possamos contribuir para o crescimento no mundo atual de "uma cultura da misericórdia"[73]. Francisco nos convida a olhar para todas as situações humanas "com a atitude do amor de Deus"[74], para que nossa misericórdia saia ao encontro dos outros e se torne "visível e tangível em uma ação concreta e dinâmica"[75].

A primeira coisa que devemos registrar bem é que Jesus captura e vive a realidade infinita de Deus como um mistério de misericórdia. O que define Deus não é o poder ou a força, como é o caso das

---

73. Carta apostólica *Misericordia et Misera*, com motivo da conclusão do Ano Jubilar da Misericórdia, n. 20.
74. Ibid., n. 14.
75. Ibid., n. 16.

divindades pagãs do Império. Por outro lado, Jesus não fala de um Deus indiferente ou distante, que se esquece de seus filhos e dá as costas para seus problemas, conflitos e sofrimentos. Menos ainda de um Deus interessado apenas em sua honra, seu direito, seu Templo e seu sábado. Deus é um mistério de misericórdia. É *rahum*, bem-amado, misericordioso. Tem "entranhas de misericórdia" (*rahamim*). Dessa forma, a misericórdia é o ser de Deus, sua maneira de ver o mundo, sua reação diante de seus filhos. É por isso que Jesus nunca separa Deus do seu projeto de construir um mundo mais digno, mais justo, mais saudável e mais feliz para todos, começando pelos que mais sofrem.

Se percorrermos as páginas dos relatos nos evangelhos, observaremos que toda a ação profética de Jesus começa, é motivada e dirigida pela misericórdia de Deus. Sua paixão por Deus se traduz em compaixão pelos seres humanos. É a misericórdia de Deus que leva Jesus até os maltratados pela vida ou explorados pelos abusos e pelas injustiças dos outros. É o que torna Jesus tão sensível ao sofrimento e à humilhação dos desprezados e excluídos. É o que leva Jesus a viver e morrer "buscando o Reino de Deus e sua justiça" para todos.

Não é hora de repetir o que expliquei no terceiro capítulo sobre a importância de introduzir o princípio-misericórdia[76] em toda a nossa ação pastoral, mas sim de apontar brevemente que a misericórdia deve guiar todos os nossos esforços para avançar em direção a uma sociedade livre de homofobia.

• Antes de qualquer coisa, devemos lembrar as palavras com as quais, de acordo com o relato de Lucas, Jesus resume seu chamado

---

76. Cf. cap. 3, "Agir com base na misericórdia de Deus", p. 47.

para viver e sempre agir com misericórdia: "Sedes misericordiosos como vosso Pai é misericordioso"[77]. Não devemos considerar essas palavras apenas uma lei ou um preceito. Jesus está chamando seus seguidores a resgatar a misericórdia do Pai do Céu na Terra. Ele nos convida a viver como filhos dignos do Pai da misericórdia. Poderíamos dizer que, para dar passos eficazes em direção a uma sociedade livre de homofobia, essa mudança é crucial. Precisamos passar da indiferença diante dos problemas e dos sofrimentos da comunidade homossexual à misericórdia pelos homossexuais, da perseguição à defesa de seus direitos, da exclusão ao acolhimento, da rejeição ou desprezo ao respeito à dignidade humana. É assim que se constrói um mundo mais justo e fraterno para todos.

• Com o passar dos séculos, o chamado de Jesus para sermos misericordiosos como o Pai, muitas vezes, foi negligenciado e, acima de tudo, empobrecido. Algumas vezes, por ter se reduzido a alimentar sentimentos de compaixão no próprio coração, sem tomar decisões práticas ou compromissos concretos para lidar com os problemas e conflitos que estão em sua origem. Outras vezes, por nos contentarmos com ações privadas e individuais, sem reagir a costumes, comportamentos sociais e estruturas que alimentam e sustentam um estado de coisas impiedosas e injustas.

A tradição cristã viu no "bom samaritano", uma parábola relatada por Lucas[78], o protótipo do seguidor de Jesus que age com base no princípio-misericórdia. Em contraste com a atitude dos dois representantes da religião do Templo, que passam direto sem se importar com um homem ferido, agredido e abandonado à sua própria sorte na beira de uma estrada, este samaritano para e faz tudo o

---

77. Lc 6,36.
78. Lc 10,30-36.

que pode por esse homem. Lucas descreve sua atuação em detalhes. Ao chegar ao local, ele "vê" os feridos, "comove-se", "aproxima-se" dele e faz tudo o que está ao seu alcance para salvar a vida daquele estranho. Vejamos as características básicas de sua atuação:

Primeiro, o "olhar compassivo". A misericórdia desperta em nós não tanto pelo cumprimento das leis morais ou pela reflexão sobre os direitos humanos, mas quando olhamos para quem sofre com atenção e responsabilidade, tornando nosso o sofrimento alheio. É esse olhar que pode nos libertar de ideologias que bloqueiam nossa misericórdia e estruturas morais que nos permitem viver com a consciência limpa, sem dar atenção ao sofrimento dos outros. Nossa atitude com relação à comunidade homossexual só mudará na Igreja e na sociedade se aprendermos a olhar de forma diferente para os sofrimentos, as injustiças e as humilhações de que muitos são vítimas.

Segundo, "a aproximação da pessoa necessitada". O samaritano se aproxima dos feridos e tem compaixão por eles. Ele não se pergunta quem é aquele desconhecido para ver se tem alguma obrigação de ajudá-lo por razões de raça ou parentesco. Quem vive com base no princípio-misericórdia se aproxima de todo ser humano que precisa de ajuda, seja qual for sua raça, sua religião, sua nacionalidade ou sua condição sexual. Ele não se pergunta de quem deve se aproximar, mas de quem precisa dele por perto. Diante do mundo diferente dos homossexuais, desconhecido e estranho para alguns, não devemos nos perguntar se temos alguma obrigação com relação a eles. O que precisamos nos perguntar é se eles precisam que estejamos muito mais próximos para que todos possam conviver de uma maneira mais digna, justa e fraterna na Igreja e na sociedade.

Terceiro, "o compromisso com os gestos". O samaritano da parábola não se preocupa em cumprir um determinado código de obrigações. Simplesmente, movido pela misericórdia, responde à situação daquele ferido desamparado com todo tipo de gestos necessários para aliviar seu sofrimento e resgatar sua vida. Para dar passos em direção a uma sociedade livre de homofobia, teremos que agir de forma criativa, com atitudes de respeito e aceitação mútua, comportamentos e maneiras de convivência humana dignos desse nome.

4 Introduzir o princípio-misericórdia no ensino oficial da Igreja sobre homossexualidade

Para começar, Jesus está exigindo de nós uma nova maneira de nos relacionarmos com o sofrimento dos homossexuais. Tudo o que impeça, prejudique ou dificulte que o homossexual entenda o Mistério de Deus como misericórdia, ajuda, perdão ou alívio de seu sofrimento deve desaparecer da Igreja de Jesus, pois não compreende as boas-novas de Deus proclamadas por Ele. Começaremos considerando que a introdução do princípio-misericórdia na Igreja pode exigir a revisão, a atualização e o enriquecimento do ensino oficial em matéria de homossexualidade.

• Antes de qualquer outra coisa, devemos nos alegrar e agradecer, pois, no final do Sínodo sobre a Família, em sua Exortação "A alegria do amor", o Papa Francisco faz duas declarações importantes:

Primeira: "Toda pessoa, independentemente de sua tendência sexual, deve ser respeitada em toda sua dignidade e ser acolhida com respeito, tentando evitar qualquer sinal de discriminação injusta e, especialmente, qualquer forma de agressão e violência"[79].

Segunda: "Por outro lado, no que diz respeito às famílias, trata-se de garantir um acompanhamento respeitoso, para que aqueles

---

79. PAPA FRANCISCO. *La alegría del amor*, 250.

que manifestam uma tendência homossexual possam contar com a ajuda necessária para entender e cumprir plenamente a vontade de Deus na sua vida"[80].

No entanto, devemos dizer que a questão do homossexualismo não foi diretamente abordada no Sínodo sobre a Família. O papa, em sua exortação final, afirma que a complexidade de algumas das questões levantadas nos mostrou a necessidade de continuar nos aprofundando livremente em alguns assuntos doutrinários, morais, espirituais e pastorais[81]. Entre as questões que ainda estão pendentes, há duas relacionadas à homossexualidade: "Enfatizar que é inaceitável que se discrimine pessoas homossexuais" e reconhecer "os elementos positivos das chamadas uniões estáveis" (*relatio finalis*).

• Nessa linha de continuar nos aprofundando, talvez a primeira coisa que se note no ensino da Igreja seja a falta de um olhar atento e responsável para o sofrimento dos homossexuais no seu dia a dia: no contexto familiar com seus entes queridos; em seu contexto social, muitas vezes hostil (desprezo, exclusão, abuso psicológico e até físico etc.); no contexto eclesiástico (incompreensão, estigmatização, marginalização, condenação moral).

Além disso, o ensino oficial, redigido a partir de uma atitude negativa e "globalmente condenável", não nos permite perceber uma preocupação real em dar uma resposta às verdadeiras necessidades dos homossexuais, que precisam ser ouvidas, compreendidas e reconhecidas. A palavra da Igreja de Jesus deve ser pensada principalmente com base no sofrimento e na situação real dos homossexuais, e não apenas na preocupação de elaborar a doutrina de uma moral objetiva.

---

80. Ibid.
81. Ibid, n. 2.

A mensagem da Igreja, movida pela infinita misericórdia de Deus para todos e cada um de seus filhos, não pode ser reduzida a uma doutrina moral ditada de maneira genérica a uma "categoria" de pessoas chamadas de homossexuais; pelo contrário, mas deve ser abordada com uma atenção lúcida, responsável e compassiva, especialmente quanto à necessidade de carinho, ternura, amizade, estabilidade emocional e segurança dessas pessoas. Para que haja coerência com as ações de Jesus diante dos setores mais desprezados e excluídos, a Igreja deve valorizar e defender mais a própria consciência dos homossexuais e convidá-los a que tenham confiança e assumam a responsabilidade de suas próprias vidas. No ensino oficial, condicionado por uma abordagem moral "objetivista", o ensino do Concílio Vaticano II, que afirma que toda pessoa "tem uma lei escrita por Deus em seu coração, em cuja obediência apoia-se a dignidade humana e pela qual será julgado", não é suficientemente claro. "Essa consciência é o núcleo mais secreto e o relicário do homem, no qual se sente sozinho com Deus, cuja voz ecoa no mais íntimo do seu ser"[82]. Essa avaliação e defesa da própria consciência do homossexual é ainda mais necessária, pois está permanentemente exposto a ser julgado, criticado, pressionado ou aconselhado pelo heterossexual.

• Nenhuma palavra que seja pronunciada pela Igreja no contexto de sua preocupação real em não tornar ainda mais difícil a situação dos homossexuais de nossos dias deve fazer referência ao homossexualismo como sendo uma "patologia" (*vitata constitutio*),

---

82. Cf. *Gaudium et Spes*, 16. P. Gamberini lembra o que o jovem teólogo Joseph Ratzinger escreveu como especialista do Concílio: "é preciso obedecer à própria consciência antes de qualquer outra coisa, mesmo que seja necessário ir contra as exigências da autoridade eclesiástica" ("Parejas homosexuales – Vivir, sentir y pensar de los creyentes". In: *Selecciones de Teología*, 216, 2016, p. 272-273.

atendendo à psiquiatria moderna mais rigorosa. Do mesmo modo, ambiguidades e silêncios advindos de uma compreensão reducionista e incorreta da sexualidade humana devem desaparecer da mensagem de uma Igreja de misericórdia. Na Igreja de Jesus não é permitido reduzir a sexualidade à "genitalidade", caindo em uma "moralidade biológica" que desconsidera a importância da sexualidade para a autorrealização e como linguagem e comunicação do amor. É justo que essa redução leve a considerar todo e qualquer comportamento homossexual "intrinsecamente ruim" e até "a própria inclinação como algo objetivamente desordenado"? Não é necessário revisar, completar e enriquecer essa linguagem com base em uma antropologia mais atualizada e um espírito mais evangélico?

• Por outro lado, o ensino oficial não pode ser reduzido a uma condenação objetiva; pelo contrário, deve ter um propósito positivo. Se a Igreja quiser anunciar as boas-novas de Jesus, teremos que trabalhar mais para oferecer aos homossexuais um projeto humano e cristão e os meios básicos para que, a partir da aceitação da sua própria homossexualidade, e guiados por sua consciência e seu discernimento responsável, possam se realizar em suas dimensões pessoal, interpessoal e social.

Além disso, na Igreja, não podemos ignorar o alerta que nos chega de irmãos – homens e mulheres – que acompanham os homossexuais, compartilham de seus sofrimentos e os ajudam a superar dificuldades pessoais e problemas de desajustamento social e eclesiástico. A doutrina atual da Igreja, conforme é apresentada, implica o risco de levar alguns homossexuais a situações de crise permanente, a evitar relacionamentos humanos profundos, bem como ao isolamento, à solidão e à autodepreciação. Onde, quando e como o homossexual que está considerando a possibilidade de iniciar um relacionamento heterossexual forçado ou, do contrário, aceitar a abstinência sexual, pode ouvir as boas-novas do Deus da misericórdia, se não sente sequer o chamado de Deus?

- Finalmente, uma questão decisiva. A reflexão moral sobre a homossexualidade se desenvolveu sobre o pressuposto de que a sexualidade humana tem um único objetivo: a procriação. A partir dessa concepção, o comportamento homossexual tem sido considerado contrário ao objetivo intrínseco de toda relação sexual. Porém, há mais de quarenta anos, a contribuição do Concílio Vaticano II sobre o duplo propósito do casamento tem sido cada vez mais valorizada: a procriação e a mútua comunhão de amor[83]. Mais especificamente, durante esses anos, tem crescido a consciência quanto a que a sexualidade humana não é voltada apenas para a procriação ou reduzida unicamente à complementação genital, mas também é naturalmente orientada para gerar um autêntico relacionamento amoroso (não de poder, dinheiro ou submissão do outro etc.), de reciprocidade, responsabilidade, reconhecimento e cuidado mútuo.

Essa nova perspectiva da sexualidade humana não tem nenhum impacto sobre a visão do amor homossexual? Não é uma dessas questões em que, segundo o papa, a Igreja deve "continuar se aprofundando com liberdade"? Não está sendo aberta uma porta mais positiva e esperançosa para os homossexuais? É significativo que, no relatório final do Sínodo extraordinário de 2014, diga: "sem negar os problemas morais relacionados às chamadas uniões homossexuais, leva-se em consideração que há casos em que o apoio mútuo, e até o sacrifício, constitui um valioso apoio à vida dos casais"[84]. Essa porta aberta timidamente foi imediatamente

---

83. *Gaudium et Spes*, 50.
84. Relatório final, 52.

fechada pelas mais rigorosas correntes de resistência a Francisco. Quando será aberta novamente?

5 A necessidade de promover um olhar mais humano, misericordioso e justo sobre a experiência homossexual

Como disse acima, o Sínodo sobre a Família terminou sem abordar diretamente a questão da homossexualidade, mas, entre as questões pendentes, existe uma em especial: reconhecer "os elementos positivos" existentes nas chamadas "uniões estáveis entre homossexuais". E eu acredito que algo na Igreja esteja acontecendo nesse sentido. É possível observar que líderes, teólogos e pastoralistas católicos têm delineado, gradualmente e de perspectivas diferentes, um horizonte mais amplo para reconhecer e valorizar a experiência homossexual de uma maneira mais positiva e evangélica.

• Já em 1999, no Sínodo sobre a Europa, o geral dos dominicanos, Timothy Radcliffe, conhecido por sua preocupação com os homossexuais, fez uma intervenção na qual alertou os bispos europeus de que "a autoridade da Igreja só será convincente se for capaz de acompanhar as pessoas, se estiver atenta às suas decepções, reivindicações e dúvidas [...] A Igreja não terá autoridade (para os homossexuais) se não aprender sua linguagem ou aceitar seus dons"[85].

Posteriormente, vários hierarcas europeus afirmaram, de diversas maneiras, que, no amor homossexual, devemos reconhecer elementos positivos que são constitutivos da pessoa criada à imagem de Deus. Entre os mais conhecidos, o Cardeal Christoph Schönborn, arcebispo de Viena, em uma intervenção no Sínodo extraordinário

---

85. GAMBERINI, P. "Parejas homosexuales..." Art. cit., p. 267.

sobre a Família; o Cardeal Reinhard Marx, arcebispo de Munique, membro do Conselho de Cardeais do Papa, e o bispo de Antuérpia, Johan Bonny, afirmaram que acreditam que a Igreja deve reconhecer nas uniões homossexuais os valores do amor, da fidelidade e do compromisso.

Mas, certamente, quem falou com mais clareza foi o Cardeal Carlo Martini, arcebispo de Milão, que disse que "as uniões homossexuais podem [...] testemunhar o valor do afeto recíproco". Por isso, se um cristão homossexual escolhe viver com um parceiro do mesmo sexo, Martini nos convida "a não demonizar ou segregar essa escolha. O critério para julgar esse relacionamento será a fidelidade no relacionamento, a reciprocidade e o amor responsável[86].

Naturalmente, é nos teólogos, moralistas e pastores que detectamos uma vontade mais forte de repensar a atitude da Igreja de promover uma avaliação mais justa e mais humana. Apontarei apenas três perspectivas.

• O teólogo moralista Pablo Romero recentemente lembrou que a Igreja deve introduzir a consciência de que a orientação homossexual é "uma realidade recebida" (da vida, do acaso, da natureza, de Deus etc.). Caso contrário, o homossexual não poderá aceitar sua condição sexual específica como um "dom de Deus" ou se aceitar como um filho de Deus. O homossexual é o primeiro que deve receber educação, bem como deve receber ajuda para superar eventuais demonstrações de homofobia, a fim de que possa chegar a fazer uma avaliação positiva de sua diferença sexual ou, se for devoto, para que chegue a ser grato a Deus por sua condição[87].

---

86. Ibid., p. 268 e 277.
87. ROMERO, P. "Uniones homosexuales: ¿Rechazo? ¿Misericordia? ¿Reconocimiento?" In: *Selecciones de Teología*, 217, 2016, p. 28-29.

• Por outro lado, como reação a uma moral objetiva e negativa, existem autores que insistem em que "é necessária uma moral do discernimento sobre relacionamentos para propor ao homossexual cristão um itinerário espiritual que o ajude a viver à imagem de Deus" (Paolo Gamberini). "O que evidencia a bondade moral de um relacionamento é sua capacidade de expressar de maneira profunda, autêntica e convincente o mundo interior das duas pessoas; de criar as condições para o desenvolvimento de uma verdadeira interpessoalidade, que só é possível quando a tentação de tratar o outro como um objeto é abandonada e, ao mesmo tempo, sua singularidade irrepetível e sua dignidade inestimável são reconhecidas" (Gianni Piana)[88].

• Nesta mesma linha, Paolo Gamberini afirma que o objetivo da ética que deve ser proposto aos homossexuais consiste em "favorecer o crescimento dos relacionamentos mais autênticos de acordo com as condições. O cristão homossexual deverá escolher o que estiver mais próximo do "melhor" da relação que está vivendo: com seu próprio corpo, com os outros e com Deus". Nessa perspectiva, o bem moral consistirá em fortalecer as relações com os outros e com o mundo, consigo mesmo e com Deus[89].

6 Promover a acolhida nas paróquias e nas comunidades cristãs

Sem dúvida, o respeito à hierarquia e o trabalho de teólogos e moralistas são importantes, mas, se quisermos tomar medidas decisivas para libertar a Igreja e a sociedade da homofobia, é importante

---

88. GAMBERINI, P. "Parejas homosexuales..." Art. cit., p. 275-276.
89. Ibid., p. 275-276.

promover nas paróquias, comunidades, instituições e grupos cristãos um ambiente de respeito, acolhida e amizade. Com base nisso, é possível agir para promover uma mudança de atitude global da Igreja com relação aos homossexuais. Talvez tenhamos que começar ouvindo as palavras que Jesus dirige a todos nós: "Eu nasci homossexual, e você não está me acolhendo".

No Sínodo extraordinário de 2014, no encontro após a discussão, a acolhida aos homossexuais foi levantada de forma muito positiva: "os homossexuais têm dons e qualidades a oferecer às comunidades cristãs: somos capazes de receber essas pessoas, garantindo a elas um espaço de fraternidade em nossas comunidades?"[90] Para a decepção de muitos, essas palavras não ficaram registradas. A orientação da Congregação para a Doutrina da Fé defende que: "toda pessoa, independentemente de sua própria tendência sexual, deve ser respeitada em sua dignidade e acolhida com respeito, com a preocupação de evitar qualquer sinal injusto de discriminação"[91].

Quero concluir com algumas palavras do Papa Francisco repletas de sabedoria evangélica e realismo: "A Igreja é chamada a ser sempre a casa aberta do Pai [...]. Com frequência, nós nos comportamos como controladores da graça e não como facilitadores. Mas a Igreja não é uma alfândega, é a casa paterna onde há espaço para todos aqueles que sofrem"[92]. Além disso, quero sublinhar que, na Exortação Apostólica Pós-Sinodal *Amoris Laetitia* (a alegria do amor), diz o seguinte: "É necessário um acompanhamento respei-

---

90. Relatório, 50.
91. CONGREGAÇÃO PARA A DOUTRINA DA FÉ. *Carta aos bispos da Igreja Católica sobre assistência pastoral aos homossexuais*, 1986.
92. *A alegria do Evangelho*, 47.

toso para que aqueles que manifestem uma tendência homossexual possam contar com a ajuda necessária para compreender e cumprir plenamente a vontade de Deus em sua vida" (n. 250). Temos que trabalhar com base nessa perspectiva para que, em nossas comunidades cristãs, todas as pessoas homossexuais necessitadas sejam acolhidas, ouvidas e acompanhadas, assim como todos.

Comunidades cristãs onde sejam valorizadas por sua dignidade pessoal, sem que sua orientação sexual seja motivo de rejeição, discriminação, preconceito, linguagens ofensivas etc.

Comunidades cristãs onde possam encontrar canais adequados para crescer como seguidores de Jesus, dar testemunho de sua vida cristã e se integrar ativamente a serviço da comunidade.

Comunidades cristãs nas quais possam encontrar amigos e amigas com quem possam compartilhar momentos difíceis de solidão, rupturas, preocupações e tomada de decisões.

Comunidades cristãs que saibam se solidarizar e defender todo homossexual de estigmatização, hostilidade, humilhação ou zombaria que possam sofrer em nosso ambiente social ou eclesiástico.

Comunidades cristãs comprometidas em aumentar a conscientização entre a Igreja e a sociedade para que os direitos da população homossexual sejam respeitados, bem como promover tudo que favoreça sua convivência digna e justa no meio da maioria heterossexual.

Desejo terminar com uma mensagem que quero comunicar à comunidade homossexual em nome de Jesus. É a coisa mais importante que posso dizer: "Quando se virem rejeitados pela sociedade ou pela Igreja, saibam que Deus os acolhe". Quando se sentirem condenados por certos setores, saibam que Deus os olha com ternura. Quando se sentirem sozinhos, esquecidos, pequenos e fracos, ouçam seu coração e sentirão que Deus está lá com vocês. Mesmo que nos esqueçamos de vocês, Deus nunca os abandonará. Vocês não merecem isso. Ninguém merece isso, mas Deus é assim: misericórdia infinita e bênção para todos.

Índice

Sumário, 5

Apresentação, 7

Primeira parte – Atitudes para evangelizar hoje, 13

1 Sugerir a pergunta a respeito de Deus, 15
    1 O homem em busca de sentido, 15
        a) Um ser cheio de contradições, 16
        b) A necessidade de sentido, 17
    2 O homem em busca de um projeto, 19
        a) A necessidade de um projeto, 19
        b) O sistema de valores, 20
    3 O homem em busca de esperança, 22
        a) A força do mal, 23
        b) A derrota da morte, 24
    4 Introduzir a pergunta a respeito de Deus, 25
        a) Luz em nossas contradições, 25
        b) Orientação para nossos esforços, 26
        c) Esperança para nossos fracassos, 27

2 Encorajados pelo espírito evangelizador de Jesus, 28
    1 Jesus Cristo, ponto de partida da nossa ação evangelizadora, 28
        a) A experiência original, 28
        b) Necessidade de testemunhas, 30

2 A mudança decisiva na nossa ação evangelizadora, 31

    a) Por uma evangelização mais inspirada em Jesus, 32

3 Evangelizar espalhando a Boa-nova de Jesus, 34

    a) Anunciar Deus como uma Boa-nova, 35

    b) Três características básicas da Boa-nova de Deus, 36

4 Colaborar no projeto do Reino de Deus vivo pelo Espírito de Jesus, 39

    a) Não se deve separar Deus de seu projeto do reino, 39

    b) Ver a evangelização em Deus como uma força de transformação, 40

    c) Evangelizar defendendo e curando a vida, 41

    d) Colocar a compaixão no centro das comunidades de Jesus, 43

    e) Um estilo evangelizador para os nossos dias: acolher, escutar e acompanhar, 44

3 Agir com base na misericórdia de Deus, 47

    1 Deus, mistério incompreensível do amor misericordioso, 48

    2 Jesus, "o rosto da misericórdia do Pai", 51

        a) Uma vida voltada para os mais necessitados de compaixão, 51

        b) O sofrimento: a primeira preocupação de Jesus, 52

        c) A acolhida aos "pecadores" mais desprezados, 56

    3 Sede misericordiosos como vosso Pai é misericordioso, 59

    4 Dinâmica da misericórdia, 60

        a) A Parábola do Bom Samaritano, 61

        b) Dinâmica da misericórdia, 63

    5 Conclusão, 66

        a) Por uma Igreja samaritana, 66

        b) Por uma cultura que incentive a misericórdia, 67

4 Despertar a esperança em nosso coração, 70
   1 Perfil da esperança, 71
   2 Como se perde a esperança, 73
   3 Como recuperar a esperança, 77
      a) É possível recuperar a esperança, 78
      b) Enfrentando os problemas sem solução, 79
      c) A mudança de uma atitude negativa para uma atitude positiva, 80
   4 Atitudes para gerar esperança, 82
      a) Acolher, 82
      b) Escutar, 83
      c) Acompanhar, 85
   5 Semear sinais de esperança, 87
      a) O frágil nascimento da esperança, 88
      b) Pequenos sinais de esperança, 88
5 A oração evangelizadora, 90
   1 A experiência de um Deus bom, 91
   2 Amor ao homem e à mulher de hoje, 92
   3 Aproximar-se dos descrentes, 92
   4 Enviados aos pobres, 93
   5 Audácia para evangelizar, 94
   6 A aceitação da cruz, 95
   7 A comunicação da esperança, 96

Segunda parte – Ir às periferias existenciais, 99

6 Acolher e ouvir os afastados, 101
   1 Por que se afastam?, 102
      a) Do que se afastam?, 103

b) Diferentes gerações de afastados, 104

   c) Com que idade se afastam?, 106

   d) Por que se afastam?, 107

2 Por que voltam?, 109

   a) Como entendem seu momento atual?, 110

   b) Obstáculos e dificuldades, 111

   c) Por que voltam?, 112

   d) O que pedem especificamente?, 113

   e) O que procuram?, 113

3 Em busca de uma resposta pastoral, 115

   a) Necessidade de uma atenção específica, 115

   b) Acompanhá-los em sua busca espiritual, 116

   c) Reconstruir o relacionamento com a Igreja, 116

   d) Algumas atitudes, 116

   e) O que nos ensinam?, 117

4 Uma iniciativa pastoral concreta: os grupos de buscadores, 118

7 O compromisso cristão com os pobres, 120

1 Os pobres na sociedade de hoje, 121

   a) A pobreza, produto calculado do desenvolvimento, 121

   b) A configuração da sociedade atual, 122

   c) Os novos rostos da pobreza, 123

   d) A tragédia dos migrantes e dos refugiados, 125

2 Algumas convicções cristãs, 126

   a) Crer em Deus significa trabalhar pelos pobres, 126

   b) O pobre, memória viva de Jesus, 128

3 A atuação de Jesus diante dos pobres e desamparados, 129

    a) Abrir espaço, 129

    b) Defender os fracos, 129

    c) Salvar os perdidos, 130

4 Algumas atitudes básicas na comunidade cristã, 132

    a) Diante da idolatria do bem-estar e da austeridade, 132

    b) Diante do desenvolvimento de uma sociedade desumana, a defesa das pessoas, 133

    c) Diante de uma cultura individualista, solidariedade, 134

    d) Diante da insensibilidade das pessoas, afeto e amor próximos, 135

    e) Diante do fatalismo, responsabilidade e compromisso, 135

5 Características de um compromisso cristão voluntário, 136

    a) Conscientização, 136

    b) Decisão inspirada no seguimento de Jesus, 137

    c) A entrega de tempo livre, 138

    d) Trabalho em equipe, 138

    e) Caráter permanente, 139

    f) Serviço gratuito, 139

    g) Vida solidária, 140

    h) Formação adequada, 140

8 Introduzir o Evangelho na prisão, 142

  1 Realidade da prisão, 143

  2 Os complexos penitenciários, 145

  3 O serviço de reconciliação, 146

    a) A visão cristã da reconciliação, 146

b) O ordenamento jurídico-penal, 148

   c) O perdão-acolhida de Jesus, 151

4 O ato evangelizador na prisão como um serviço de reconciliação, 154

   a) Reconciliação com Deus (pastoral da acolhida), 155

   b) Reconciliação pessoal (pastoral do acompanhamento), 156

   c) Reconciliação social (pastoral da conscientização social), 157

   d) Conciliação e reparação entre a vítima e o agressor (PAR), 159

5 Objetivos da pastoral carcerária, 161

   a) Sensibilizar a comunidade cristã para a problemática da prisão, 161

   b) Promover e formar evangelizadores na prisão, 163

   c) Serviço libertador ao prisioneiro e defesa de seus direitos, 164

   d) Presença evangelizadora no centro penitenciário, 167

   e) A atenção à família do preso, 168

   f) Assistência pós-carcerária, 168

9 Levar a Boa-nova aos enfermos psíquicos, 170

   1 Atuação de Jesus no mundo dos doentes mentais, 170

   a) A cura do enfermo de Gerasa, 171

   b) Jesus se aproxima do mundo dos enfermos psíquicos, 172

   c) Jesus salva a vida perdida do enfermo psíquico, 174

   d) Jesus defende do mal os doentes desamparados, 175

   e) Jesus leva o enfermo psíquico à sociedade, 176

   f) O anúncio da salvação de Jesus, 177

    2 Grandes linhas de ação, 177

        a) Devemos nos aproximar dos doentes mentais, 177

        b) Introduzir a bênção de Deus, 180

        c) Defender o enfermo psíquico, 183

        d) Apoiar a família, 186

10 Por uma sociedade livre de homofobia, um desafio para os cristãos, 189

    1 Introdução, 189

    2 A condição homossexual, 190

    3 "Este não é o tempo da misericórdia", 192

    4 Introduzir o princípio-misericórdia no ensino oficial da Igreja sobre homossexualidade, 196

    5 A necessidade de promover um olhar mais humano, misericordioso e justo sobre a experiência homossexual, 201

    6 Promover a acolhida nas paróquias e nas comunidades cristãs, 203